Laurence Elie

Heureuse qui comme moi...
a fait un long voyage

Co-écrit avec « Linea Les Preuves du Sens »

ISBN : 979-10-326-1451-8

« Si vous pensez que l'aventure est dangereuse,
je vous propose d'essayer la routine...
elle est mortelle »

Paulo Coelho

À Daniel...

PRÉFACE

Une vie comme une épopée, truffée de moments singuliers, d'épisodes, de rebondissements… Chacun m'ayant apporté son lot de découvertes, d'audaces, de changements radicaux, de décisions fulgurantes, de rencontres…

Cette vie-là, j'ai finalement toujours eu envie de la coucher noir sur blanc.Tous les poèmes que j'ai écrits, et que j'affichais sur les murs de ma chambre étaient porteurs, en germe, de cette folle envie d'écrire. Si j'ai choisi aujourd'hui de relater cette épopée, c'est certainement parce que le dernier drame qui a frappé ma vie m'a laissé le goût amer de l'Adieu…

L'Adieu à mon Amour de mari, compagnon, amant, ami…
ce 4 février 2015.

Comme message d'adieu, le jour du Grand Départ je lui ai écrit et lu ces quelques mots… *« Il y a 26 ans notre rencontre en a surpris plus d'un. Le couple improbable. Nos différences ont été notre richesse donnant naissance à un Amour qui n'a jamais cessé de grandir. 8 ans après, il y a eu la naissance de Théo puis 5 ans après celle de Jules. Sans jamais faillir, notre courage et notre force nous ont permis de franchir tous les obstacles que la vie a mis sur notre route. Ensemble avec nos enfants on peut même dire que l'on a dépassé le mur du son. Nous avons toujours vu le soleil quand d'autres voyaient la pluie, ressenti la chaleur quand d'autres sentaient le froid. Tu m'as toujours dit que l'on trouverait des solutions quand les moments étaient compliqués et toujours elles arrivaient. 13 ans de lutte contre cette maladie sans jamais baisser les bras, au nom de l'Amour tu as vécu l'insupportable et au nom de l'Amour, nous l'avons supporté à tes côtés. Pendant toutes ces années, tu rentrais toujours après tes hospitalisations et on peut dire que ces 18 derniers mois ont été très compliqués.*

Nous pensions tous qu'il en serait de même ces dernières semaines... Mais la maladie a eu raison de TOI. Toutefois la douleur atténuée parce que tu savais que c'était la fin, ton départ fut magistral. Digne d'une conférence de presse tu as échangé, plaisanté avec tes enfants, ta famille, tes amis. Tu leur as même laissé des consignes avant ton Grand départ.

C'est accompagné en musique avec tes morceaux préférés, entouré de ta femme, de ta fille, mon frère, de ta belle blonde que tu as tiré ta révérence comme une Rock Star, une légende, surpris par sa notoriété.

Comme je dis aux enfants, « Retenez que dans la vie l'AMOUR est notre plus grande richesse », je leur dis aussi « Votre Papa nous quitte mais il ne nous abandonne pas ».

Ce livre, c'est un autre hommage que je VEUX lui rendre, en juste réponse à tout ce qu'il m'a donné comme permis de connaître et de découvrir. On m'a souvent dit que l'Amour rendait aveugle. Mais tant mieux ! Car cette soi-disant cécité m'aura permis de ne jamais focaliser mon regard sur ce qui pouvait être compris comme insoluble. Cette belle cécité m'aura invitée chaque jour à poser mes yeux sur tout le devenir en promesse, et sur tout ce qui m'aidait à résister.

C'est également un message que j'ai envie (besoin ?) de faire passer à tous ceux qui le liront. Ne jamais désespérer même si les difficultés de la vie et dans la vie auraient une fâcheuse tendance à vouloir nous faire croire le contraire.

Ce livre veut aussi être le récit de deux métamorphoses : celle de Daniel et la mienne, l'un avec l'autre, l'un pour l'Autre. Fallait-il que nous nous aimions pour nous proposer le plus beau des cadeaux que la vie puisse ne pas toujours vouloir donner : celui de la découverte de soi-même et l'éclosion de l'Autre. Je vais jongler avec le temps pour que tout ce qui a participé de nos transformations et éclosions respectives prenne toute la dimension de la force qu'elle a eue sur nous.

En effet, et j'avais eu du temps pour y penser !

Certains évènements phares recèlent intensément ce qui a permis telle décision ou telle découverte. C'est par amour que j'ai souhaité que le souvenir (partagé) de ces temps forts se déploie dans plusieurs moments de notre vie, leur donnant ainsi et sur plusieurs années, tout le sens qu'ils ont eu pour nous.

Daniel m'a écrit *« Pour toi je décrocherais la lune ».*

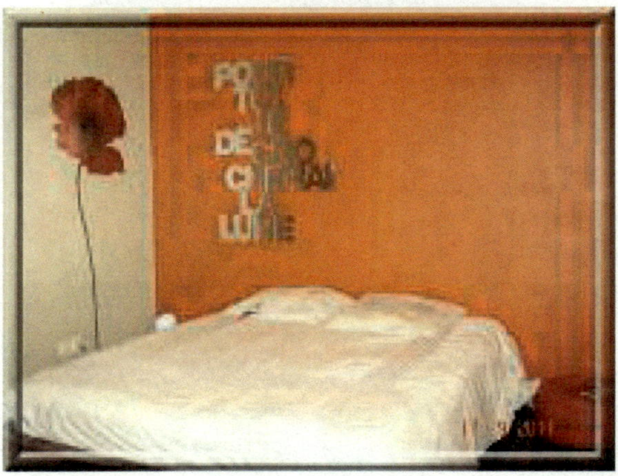

C'est ce qu'il a fait récemment… Il est parti rejoindre les étoiles et m'a laissé cette force incommensurable qu'il a fait germer.

Comme Virginia Woolf* a écrit à son mari avant de quitter ce monde : *« Tu m'as donné le plus grand bonheur possible. Tu as été pour moi ce que personne d'autre n'aurait pu être. Je ne crois pas que deux êtres eussent pu être plus heureux ».*

Dans mon monde à moi, c'est TOI qui es parti, et j'ai choisi la vie. Virginia Woolf a décidé de permettre à son mari de continuer de vivre en choisissant de ne plus l'alourdir.

Dans mon monde à moi, c'est TOI qui as exprimé ta profonde tristesse de m'avoir fait vivre tout ce que j'ai dû faire pendant les dernières années de ta maladie.

Ce livre… c'est à toi Daniel que je le dédie et je sais que tu le liras, je sais que tu me regarderas… Je sais que tu penses à moi et à nos enfants…

* *In « The Letters of Virginia Woolf, volume 2, 1912-1922*

« Seul est vaincu celui qui renonce.
Tous les autres sont victorieux.
Et le jour viendra où les moments
difficiles ne seront plus que
des histoires qu'ils seront fiers
de raconter à ceux
qui voudront écouter »

Paulo Coelho

« Le manuscrit retrouvé » 2012

PRÉLUDE à Joséphine…

J'ai toujours eu la sensation que je ne menais pas ma propre vie, au sens où elle m'était imposée, comme pour me confronter à ce que je devais y réaliser pour la faire totalement mienne… ou en créer une autre !

En 1985 déjà, j'écrivais un *« Conseil »*

« Tu ne cesses de pleurer, et pourtant
Tu sais que rien ne pourra changer,
Il te faut accepter la vie que l'on t'a choisie
Et te comporter comme si elle te convenait.
Sèche tes larmes, même si tu as mal,
Regarde autour de toi, et fais un sourire à la vie
Même si celle-ci ne t'en fait jamais.
Tu pleures pour te soulager
Mais en même temps, tu ravages ton visage
Qui s'endurcit et ne devient pas joli
Pense à toi, oublie tout ça.
Sors de ta prison, et découvre le monde
Contemple toutes ces merveilles et remplis-toi l'esprit
De tous les bons côtés de la vie.
Quand il pleut, ne pleure pas, parce qu'il fait mauvais
Il faut accepter la nature
Et même si le temps est couvert
Il faut que le soleil et la chaleur soient en toi.
Essuie tes larmes et dis-toi que ta vie commence
Et que les histoires passées n'ont jamais existé
Mais que seulement aujourd'hui tu es née.
Plonge-toi dans des rêves qui te feront oublier la réalité
Et si quelqu'un venait essayer de te faire remonter à la surface
Dis-lui bien qu'il ne faut pas qu'il le fasse

Et que depuis que tu rêves, tu as cessé de pleurer.
Tu voyages parmi les fabuleux contes que tu t'inventes
Et la vie te semble ainsi magnifique »

Sans faux-semblants, sans fioriture, j'ai rêvé qu'un ange gardien m'avait alertée, comme pour me réveiller et m'attirer vers ce qui devait être MA destinée.

Telle la soeur jumelle que je n'ai jamais eue… Joséphine est entrée dans ma vie pour me souffler comment faire, comment dire, comment vivre, comment résister !

Comme une intuition, j'ai vraiment su que je ne pouvais pas avoir eu ces ressources toute seule. Cela était impossible. Il avait bien fallu que « quelqu'un » soit à mes côtés à chaque instant, et ce depuis toujours. Mes écrits sur des feuilles et des cahiers témoignaient, pour qui pouvait les comprendre, des mille et une questions qui me taraudaient…

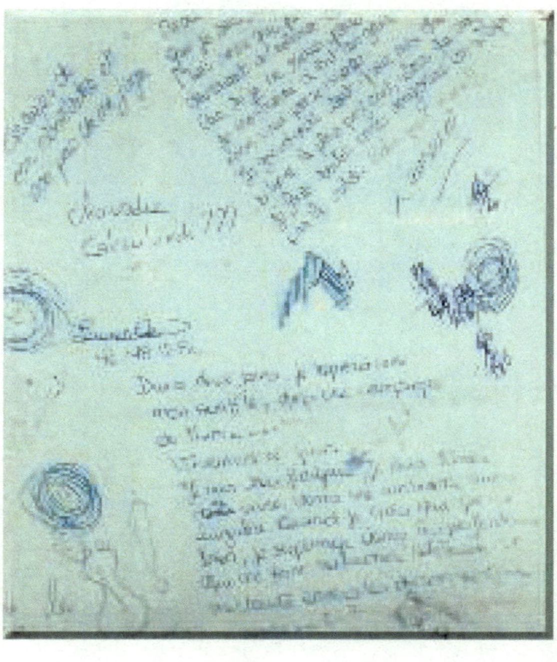

Kinou, mon amie d'enfance partie un jour pour vivre loin de moi, était possiblement une forme d'incarnation de ma Joséphine imaginaire qui s'est lovée à l'intérieur de moi quand elle est partie. J'ai maintes fois eu la sensation d'être investie d'une mission : les difficultés m'appelaient et j'étais là pour les résoudre, les unes après les autres, parfois même simultanément. Comme un karma insidieux.

ELLE a su me préserver de tous les dangers que j'ai trouvés sur ma route maritime, comme les matelots passent les épreuves du Cap Horn… Ça a secoué, ça a bousculé, et comme tout bon marin, ce n'est ni en cabine ni en soute que j'ai vécu tout ça : c'est sur le pont.

« Toute vie bien réglée a ses moments libres,
et qui ne sait pas les provoquer ne sait pas vivre »

Marguerite Yourcenar

« Mémoires d'Hadrien » 1951

PREMIÈRE PARTIE
UNE VIE SI BIEN RÉGLÉE... (que déréglable)

Je suis née le 4 aout 1966 dans le 13ème arrondissement de Paris. J'ai vécu rue du Chevaleret dans un appartement en rez-de chaussée ouvert sur une cour qui donnait accès au travail de mon père. Fallait-il que le nom de cette rue m'ait inspiré des envies d'ailleurs, des désirs d'autrement ? Un peu de chevaleresque m'aurait ravie.

Je suis la seconde d'une fratrie de garçons. Mes deux frères mais aussi tous les neuf petits gars qui peuplaient le rang des petits-enfants du côté de ma mère, dont seulement deux filles tentaient vainement d'établir un semblant de parité ! Autant dire qu'il m'a fallu faire ma place, jouer des coudes à coup de vivacité, drôlerie voire pitrerie, de force de caractère et de rébellion !

C'est l'année de mes 4 ans que j'ai rejoint, avec mes parents, la Banlieue du Val de Marne à Vitry sur Seine. Nous y habitions une résidence cossue, calme et paisible. J'allais y passer toute ma jeunesse jusqu'à mon départ à l'âge de 23 ans.

CHAPITRE 1
UNE FAMILLE TIRÉE AU CORDEAU (ou presque...)

Rien ne semblait pouvoir troubler « l'ordre privé » dans lequel mes parents orchestraient notre vie : de la maternelle au collège, notre quotidien était encadré à la minute près.
Les plis devaient être pris ressemblant en tous points à des injonctions de « bien vivre » car il leur était absolument essentiel de voir leurs enfants *« bien mis, bien élevés, propres sur eux »*, dont tout le monde auraient pu dire qu'ils étaient *« bien sages et obéissants »*.

Il est possible que ces devoirs permanents ne nous aient pas permis, à l'époque d'envisager le droit de dévier...

Mes parents avaient, très jeunes, quitté leurs foyers respectifs, ma mère pour offrir ses services chez des particuliers, mon père pour travailler auprès de personnes qui sont devenues particulières dans notre famille. Peut-être est-ce pour cela qu'ils ne pouvaient, ni l'un ni l'autre, envisager une vie plus... « délurée », ou à défaut, moins conventionnelle.

Mon père, travaillait hors de la maison, il partait très tôt, rentrait le midi pour déjeuner, et revenait le soir après que ses enfants aient dîné et soient couchés. Mon père, un homme qui ne supportait pas que sa progéniture parle pendant les repas : chacun assis sur sa chaise, mains sur la table et surtout pas les coudes.

Autant dire que j'avais beaucoup de mal à me conformer à la règle ! Quand je prenais la parole, bravant ainsi l'interdiction, soit je devais quitter la table et aller dans ma chambre, soit je partais en fou-rire... ce qui l'agaçait encore plus !

Mon père avait, à l'âge de 17 ans, quitté sa Normandie pour Melun puis Paris où il avait rencontré sa patronne qui l'avait très vite considéré comme son fils. Il est entré dans son entreprise comme mécanicien, puis magasinier pour finir par occuper le poste de chef-magasinier. Cette femme aura eu, dans notre vie, une place singulière jusqu'à sa mort en 1977, terrassée par un cancer.

Ma mère était une femme vaillante, énergique, et par-dessus tout nourricière. Elle gérait tout dans la famille menant de main de maître tout son petit monde, son foyer, son ménage, son mari, ses trois enfants et les 3 autres petits dont elle avait la garde en qualité de nourrice. Chaque jour que Dieu ait fait, elle se sera postée au balcon pour voir sa ribambelle traverser la rue en s'assurant qu'ils rentraient bien à l'école.

Elle était « atteinte » d'une telle maniaquerie que mes frères et moi n'avions pas la possibilité de prendre part à ses attributions. Si je faisais mon lit, elle le refaisait afin qu'il soit comme il devait être. En d'autres termes, elle régissait tellement tout que cela nous réduisait à ne rien avoir le droit de faire.

Ma mère était une femme soucieuse de la bonne santé des siens, inquiète pour nous tous, une nourrice dans l'âme au point d'en faire sa seconde nature.

Ma mère, partie de chez elle à l'âge de 14 ans pour se mettre au service de particuliers, notamment une famille d'enseignants et leurs deux enfants avec qui elle restera en contact pendant des années, avait travaillé comme serveuse dans un restaurant à Paris où elle avait rencontré mon père qui venait chaque jour y déjeuner.

Elle avait voulu être infirmière, c'est dire si la vocation de prodiguer aux autres ses bons soins était ancrée en elle ! Cela a pu la rendre exigeante au point de « rendre » par deux fois, des enfants qui lui étaient confiés à leurs parents au prétexte que l'éducation qu'ils leur donnaient n'était tout bonnement pas compatible avec celle qu'elle prônait sous son propre toit. Cet acte était guidé par sa volonté bien lucide de ne pas perturber les enfants entre ce qu'ils pouvaient vivre avec leurs parents et avec elle.

Mon frère aîné Bruno, dont la marraine est la patronne de mon père. Gâté comme un petit prince par cette femme, couvé par ma mère suite à une déshydratation qu'il avait vécue quand il était nourrisson. Je suis certaine qu'il n'aura jamais voulu de ce « statut » d'enfant couvé ! Moi, je le trouvais autant réservé que magnifique !

Mon frère cadet Stéphane, avec qui j'ai pu partager la même « boulimie » de rébellion ! Redoubler le Cours Préparatoire en disait possiblement long sur ses capacités d'insoumission ! Je me sens profondément fière de lui tant son autodidaxie ne l'aura jamais empêché de faire prospérer sa vie professionnelle.

Entre nous trois à cette époque, c'était l'osmose. Nous faisions tout ensemble, bêtises comprises, et puis nous nous ressemblions tellement que nous appeler « Les triplés*» aurait pu nous aller comme une seconde peau ! La complicité que nous vivions tous les trois tant dans le sport que dans les activités de vacances durera jusqu'à nos 16 ou 17 ans. Elle prendra fin lorsque Stéphane quittera la maison. Je me suis retrouvée seule, sans mon frère aîné qui venait de se marier et sans mon frère cadet qui avait fini par prendre son indépendance.

**« Les Triplés » une bande dessinée humoristique de Nicole Lambert - 1983 -*

Chaque jour était scandé par les mêmes rituels.

Après le coucher à 20h30 (sans discuter), les matins démarraient par un petit déjeuner soigneusement préparé pour tout le monde par ma mère, puis, départ pour l'école sous son regard protecteur. Retour à la maison pour le déjeuner car il n'y avait pas assez d'argent dans la famille pour que nous restions à la cantine. Ma mère avait tout préparé dès 11h00, elle nourrissait le petit en bas-âge dont elle avait la garde, elle partait ensuite chercher un autre petit à l'école maternelle, le faisait manger, et sustentait mes frères et moi.

C'est à 13h00 que ma mère déjeunait enfin avec mon père qui devait repartir très précisément à 13h35.

Tout cela était réglé comme du papier à musique !

Pas d'anicroche ! Mes frères et moi jouions en silence dans nos chambres avant de repartir pour l'école.

Un rituel à l'horlogère qui convenait à mes parents tant il leur permettait très probablement de ne pas faillir à leurs obligations respectives. Je revois encore ma mère ouvrir son placard où tous nos emplois du temps étaient notés : cela lui permettait de nous demander précisément ce que nous avions fait entre telle heure et telle heure. Il n'était pas question pour elle qu'un espace de nos vies lui échappe !

Les noëls et cadeaux en famille

Cette période de l'année n'échappait pas au doux rituel des cadeaux. Nous avions toujours un cadeau personnalisé et un cadeau commun qui souvent était un jeu de société, soit un *« Puissance 4 »* ou un *« Cluedo »* ou encore le trop fameux *« Monopoly »* ! Mes frères et moi y jouions ensemble tout autant qu'avec la poussette et le landau que j'avais reçus en « cadeaux » pour promener un poupon « baigneur », mais qui me servaient davantage à transporter mes frères en balade ! La seule poupée que j'avais reçue du « Père Noël »... je lui avais crevé les yeux, autant dire que c'était moins dangereux pour mes frangins.

Je n'abîmais tout de même pas tous les présents personnalisés ! J'ai d'ailleurs le souvenir d'un cadeau, POUR MOI, qui m'avait beaucoup touchée : comme je faisais du vélo avec mon père tous les dimanches en forêt de Fontainebleau, il m'avait offert un beau vélo de course « Mercier » de couleur verte que je mettais dans ma chambre quand je ne m'en servais pas !

Comment dire ma fierté… Comparable possiblement à celle que j'ai ressentie en 1977, quand l'équipe de Saint Etienne a gagné la coupe d'Europe.

Mes parents nous avaient tous les trois, mes frères et moi, vêtus de vert pour la circonstance : purs Triplés encore !

J'avais certainement des goûts prononcés pour les sports dits de garçon et les jeux afférents : de ma 6ème à ma 4ème, j'ai collectionné et troqué des cartes « Panini » afin que mes albums de football soient complets, fût-ce à coup d'affrontements ! Si cela évoquait que mes centres d'intérêt étaient plus masculins que féminins, je ne le dirais pas mieux. Jusqu'en 1998, j'ai suivi toutes les coupes du Monde ! Football, Rugby, rien ne m'a échappé.

Week-end et vacances scolaires bucoliques

La patronne de mon père, faite marraine de mon frère aine, nous prêtait une maisonnette à Milly-la-Forêt dans l'Essonne pour y passer nos week-ends et une partie de nos vacances. Quelle joie pour les enfants que nous étions de quitter notre banlieue, vivre au grand air pour y faire du vélo, des balades, des cabanes dans les bois, des arcs, retrouver nos copains du dimanche, campeurs sauvages à côté de la maison. Pour moi, nulle poupée à l'horizon de mes jeux d'enfant, un vrai garçon manqué, casse-cou et intrépide. Et si j'ai gardé, en moi comme avec Daniel, un certain goût du risque, je me suis vue me transformer pour ne devenir QUE féminité, grâce à LUI.

Elle possédait également un centre équestre où le week-end, mon père, mes frères et moi nous adonnions à l'équitation, jusqu'à ce que mon frère aîné fasse une chute impressionnante et que plus aucun de nous ne décide de monter !

Quel dommage pour nous que nos parents n'aient pas insisté. Possiblement ai-je dû me « servir » de cette expérience pour m'en créer un adage pour la vie ! Enfin… comme Joséphine, qui devait s'inspirer de Confucius, l'aura mille fois soufflé à mon oreille *« La plus grande gloire n'est pas de ne jamais tomber, mais de se relever à chaque chute »* N'est-il pas ?

Cette marraine (« bonne fée » ?) a gâté la famille en emmenant mes parents en voyage dans des endroits magnifiques, nous offrant pour cela, à mes frères et moi des vacances en colonie. Fâchée avec ses propres enfants, elle faisait notre bonheur tout en manifestant clairement, une préférence pour son filleul. J'en ai toujours été heureuse pour mon frère, même si je sais qu'il supportait assez difficilement lui-même cette différence de traitement par rapport à nous.

Pendant les vacances d'été, nous nous partagions entre la maisonnette de Milly-la-Forêt, où nous passions un mois d'été sans mon père, qui travaillait la semaine pour nous rejoindre le week-end, et la demeure de mes grands-parents maternels en Corrèze.

Parrain et Marraine

J'occulterais bon nombre de moments et découvertes dans ma vie si je n'évoquais pas ce dont, moi aussi, j'avais hérité : une marraine en la personne de la soeur de mon père et un parrain, le frère de ma mère (tradition oblige !).

Avec ELLE en vacances régulières à Trouville, je goûtais aux plaisirs des cadeaux… que je refusais pour la plupart. Elle avait été mariée à un homme plus âgé qu'elle qui l'avait définitivement quittée (pour cause de décès) et à part s'occuper de la fille de son mari, je pense qu'elle avait un vide à combler… Elle m'avait amenée dans de belles bijouteries en m'invitant à choisir ce qui me plaisait…

Comment dire et lui redire que RIEN ne me tentait ! J'étais un garçon manqué qu'elle n'avait pas considéré. De la même manière ou pour une raison similaire, elle gâtait mes petits déjeuners avec force croissants et chocolatines…mais je n'avais pas envie de prendre du poids !

Traverser la rue me valait, à 15 ans, de devoir lui donner la main tant elle avait peur pour moi, et sortir n'était pas envisageable ! Peu de choses nous unissaient sauf la certitude de l'amour que nous avions en tant que filleule et marraine et je serais bien ingrate si je disais que mes séjours à Trouville ont été un calvaire car elle voulait très certainement mon bien, tout autant que je ne voulais pas la froisser.

Avec LUI mon parrain, c'était différent. C'était un personnage drôle et grivois avec qui je riais beaucoup ! C'est lui qui m'avait permis de passer de meilleures vacances en Corrèze à partir de 15 ans parce qu'il avait rencontré Christiane dont la fille, Hélène, allait être pour moi une bénédiction pour passer, à ses côtés, tous mes étés !

Ils avaient une maison à quelques kilomètres de Turenne et ma soupape a été là. C'est grâce à Hélène que j'ai pu, sans encombre, aller en boîte de nuit, m'amuser comme il se devait à cet âge, mais aussi rencontrer des personnes peu fréquentables : en clair de mauvais garçons sans jamais me mettre en danger pour autant !

L'effet que mon parrain et ma marraine ont eu sur moi est de m'avoir donné à vivre des plaisirs bien différents, mais en tant que fille, seule dans une fratrie, je ne peux cacher que les propositions de mon parrain me séduisaient davantage, ne serait-ce que pour une raison : l'existence d'Hélène me faisait me sentir moins seule.

La campagne de mes grands-parents

Leur maison se trouvait en Corrèze au pied du château de Turenne*, c'était grandiose. La demeure était aussi objectivement petite que subjectivement grande à mes yeux, vétuste, toutefois j'adorais savoir que c'était là que mon grand-père était né et que ma mère et ses 4 frères et soeurs avaient grandi.

Le château de Turenne vu de la maison

La pièce principale abritait le poêle, l'évier, la cuisinière et une grande table autour de laquelle se réunissait la famille. Quelques marches menaient à une autre salle commune, un dortoir pourrait-on dire, qui accueillait tout le monde, cousins compris, quand ils venaient passer quelques jours. Nous pouvions être plus de sept personnes dans une pièce de 15 m^2 ! La seule pièce fermée était la chambre de mes grands-parents.

J'ai adoré y vivre des instants de LIBERTE TOTALE : chaque matin avec mes frères nous nous rendions au bourg pour acheter du pain, les passages par les endroits des plus escarpés ne m'effrayaient nullement !

* *http://www.chateau-turenne.com/*

Les parties de cache-cache dans les rochers, les petites ruelles, les parties de flipper à 5 francs, les blagues d'enfant faites aux résidents en sonnant à leurs portes pour s'enfuir au triple galop sitôt après, les siestes pour que ma mère se repose un peu, les bains dans la lessiveuse et/ou dans l'évier…

Tout cela ne signifiait que joyeuseté pour les enfants que nous étions car c'est bien plus tard que nous avons pu nous offrir une salle de bains, pour le grand bonheur de ma mère !

L'insouciance absolue qui fait le bonheur des enfants bien qu'ils n'en aient pas conscience... Il faut vieillir un peu pour nommer ainsi, ces instants de vie.

À côté de ces joies, je vivais aussi quelques désagréments… si peu de choses me direz-vous, mais suffisamment pour que je m'en souvienne comme tels. En premier lieu, la vue et l'odeur des bouses de vaches qui me donnaient la nausée, puis la nécessité d'aller embrasser de vieilles grands-mères faisant partie de la famille, dont les mentons me piquaient les joues et les lèvres.

Juste après (mais je ne saurais dire avec certitude s'il s'agit de bons ou de mauvais souvenirs), venaient « les lapins en cage grillagée » que mon grand-père tuait et déshabillait avant de les confier à ma grand-mère pour les repas, le cochon dont le coup fatal (une balle entre les yeux) se déroulait sous mes propres yeux, jusqu'à le voir suspendu à une échelle avant le découpage et les préparatifs du boudin. Mais aussi, la chasse aux escargots qui allaient terminer leur course, dégorgés au gros sel dans la lessiveuse (la fameuse dans laquelle nous nous lavions !) pour être dégustés en famille, la pêche en rivière qui nous donnait la joie de rapporter à ma grand-mère de quoi faire une bonne friture. Mais également le transport en brouette par mon grand-père des cadavres de chiens qu'il avait dû faire euthanasier ou qu'il avait trouvés morts écrasés sur la route. Il les transportait jusque dans un trou creusé à même la terre en guise de tombes. Que de souvenirs, en fait et en tout genre avec ce drôle de bonhomme qu'était mon grand-père maternel.

Mon grand-père maternel

Je devais possiblement le rendre fou à lui tenir tête et à répondre comme Joséphine - je le crois - me soufflait de le faire ! Insolence ou insouciance ? Qui peut le dire… Je me sentais tellement transportée par les rébellions que ma « soeur jumelle » me susurrait à l'oreille que je n'avais plus peur de rien, pas même de la sentence, et même si « ça » devait faire mal ! À ne jamais céder devant ce qui aurait dû faire figure d'autorité, j'en aurai reçu des « avoinées » de la part de ce vieil homme que je faisais courir alors qu'il cherchait à m'attraper à des fins de bonnes fessées… Il me coursait avec des orties à la main pour me faire comprendre qui était le Maître !

Le Maître justement, qui m'aura marquée à vie en m'offrant en guise de cadeau d'anniversaire pour mes 8 ou 9 ans, un martinet confectionné de ses propres mains avec des lanières en chambre à air ! Pourtant, mon grand-père n'était pas un parangon de vertu, de morale et de rectitude. Il savait ce qu'il voulait et SURTOUT ce qu'il ne voulait pas ! Artisan couvreur, il avait dû cesser de travailler à l'âge de 50 ans à la suite d'une chute. Ma grand-mère ayant toujours vécu une vie de femme au foyer, je peux imaginer les difficultés économiques qu'ils ont traversées. Etait-ce la suite logique de ses incapacités, ou une exacerbation de ses penchants naturels… mon grand-père était, comme on dit, un bon vivant ce qui lui valut des anecdotes croustillantes, par forcément du goût de ma grand-mère. Chaque soir, au moment du dîner pendant mes vacances, je l'ai vu se prêter au rituel de « faire chabrot* » (et il n'était pas rare que la quantité de vin dépasse celle de la soupe !), fumant depuis toujours il a, l'été 1977, contracté une gangrène qui progressera à une vitesse telle qu'il sera amputé, par deux fois, jusqu'en haut de la jambe, les chirurgiens ne pouvant plus conserver le genou.

**Faire chabrot ou faire chabròl est une antique coutume du Sud de la France qui consiste, quand il reste un fond de soupe ou de potage, à ajouter dans l'assiette du vin rouge pour diluer ce bouillon puis de porter le plat à la bouche, et à l'avaler à grandes goulées.*

Jusqu'au-boutiste mon grand-père... C'est peut-être pour cette raison que Joséphine me murmurait de lui tenir tête pour que je lui ressemble encore plus... à tout le moins sur le versant de l'indocilité !

Joséphine me suggérait des idées, des répliques, des envies, des rebellions... et moi, j'étais ravie de nous rendre heureuses...

Je n'allais pas tarder à l'écouter plus encore, quand elle me murmura que « plaire » pouvait être pour moi une seconde nature, en troquant mes plaisirs de garçon manqué contre des envies de jeune fille, d'abord, et de jeune femme ensuite.

Les années collège, les amies, les amours et le sport

En 1976, j'allais rentrer au collège, je m'étais cassé la clavicule, mon grand-père allait être amputé et la marraine de mon frère emportée par un cancer.

Ça faisait beaucoup de changements à absorber dans notre vie !

Le collège ne disposait pas d'une bonne réputation mais mes parents n'avaient pas envisagé de nous mettre dans un autre établissement, mon frère aîné y avait d'ailleurs commencé sa scolarité. Quant à moi, j'allais voir s'envoler ma longue chevelure, ma mère ayant trouvé plus pratique de prendre la décision de les faire couper, me faisant ressembler clairement à un petit garçon ! J'en avais déjà le comportement casse-cou alors... j'allais ainsi devenir la réplique de mes deux frères...

Le collège se trouvait à 20 minutes de marche de la maison et j'allais retrouver dans ma classe mon amie Kinou, mon amie de maternelle avec qui j'entretenais des relations fusionnelles de « frangines de coeur ». Chaque jour, nous nous retrouvions à l'angle de la rue Gretillat et faisions le trajet ensemble plusieurs fois par jour car nous rentrions toutes deux déjeuner chez nos parents.

Le temps de marche ne me laissait qu'une demi-heure pour avaler mon déjeuner, copieux repas soigneusement préparé par ma mère. Kinou et moi faisions tout ensemble, inséparables autant que différentes dans nos apparences ! Elle était grande et fine ce qui lui avait valu le sobriquet de « squelette ambulant » et moi, j'étais petite, plate et charpentée, aussi bien mon surnom était « gros cul ». Personne ne peut dire que l'une ou l'autre était mieux lotie, ces surnoms que les enfants se donnent pouvaient faire beaucoup de mal.

J'étais, quoiqu'il en fut de ces moqueries, bien dans ma peau et heureuse de vivre aussi je m'en souciais pas mal ! La seule chose qui me titillait vraiment était que je ne ressemblais pas vraiment à une fille alors que j'en avais déjà les désirs évidents et légitimes !

Surveillée comme le lait sur le feu par ma mère, je ne risquais pas de m'éloigner du droit chemin alors que dans mes pensées, entourée de mes amies Kinou, Isabelle B. et Stéphanie G, je n'avais d'yeux que pour les garçons et cherchais déjà, en 6ème, à savoir comment les hommes et les femmes faisaient l'amour !

Heureusement, les pensées ne s'entendent pas si on ne les partage pas… Personne ne s'est douté que j'avais en 6ème, feuilleté un calendrier qui se trouvait sous le lit des parents d'une de mes copines, étalant sous toutes ses facettes les positions du Kamasutra… Personne ne s'est douté non plus que j'étais tombée amoureuse de mon professeur de français en classe de 5ème, sauf lui peut-être, vu tous les arguments que j'avais déployés pour qu'il s'intéresse à moi. Personne n'a jamais su non plus, que j'étais tombée amoureuse de Thierry B. en classe de 4ème, au point de décider que ce serait LUI le premier. Personne ne pouvait subodorer en effet que j'étais une vraie « fleur bleue » car j'allais aisément me bagarrer quand des petits caïds de la cité me cherchaient des noises, au point en classe de 3ème, de recevoir un coup de poing pour avoir riposté.

Il faut dire que j'avais une telle énergie à dépenser que le sport me permettait de l'exprimer.

Pour mes 5 ans, ma mère nous avait inscrits, mes frères et moi à des activités sportives le mercredi après-midi (certainement autant pour nous que pour elle… 6 marmots dans l'appartement n'étaient vraiment pas tenables !).

Un certain Bernard lui avait même proposé de s'occuper de nous toute la journée, quelle aubaine ! Je découvris ainsi la gymnastique, la poutre, les agrès, le judo, le football, le basket… et je n'allais pas en rester là des années après.

Pendant mes années collège, avec mon inséparable Kinou, nous avions commencé à pratiquer le patinage artistique. J'en étais ravie ! La patinoire se trouvait à 2 minutes de chez moi et c'est la femme du responsable qui nous donnait les cours. J'ai tellement pratiqué de sport et de patinage que mon corps, en pleine croissance, a certainement arrêté sa course. Ma corpulence ressemblait davantage à celle de Nadia Comaneci, fameuse gymnaste ou encore celle de Surya Bonaly, surprenante patineuse ! Ainsi, mes frères et moi avions une taille assez comparable.

Je passais le plus clair de mon temps dans une vie bien occupée, entre le sport, l'école, les devoirs, mes pensées légères, mes amies… S'il n'y avait eu les règles exigeantes que mes parents portaient comme chevillées au corps à mon égard, je peux vraiment dire que je ne manquais absolument de rien.

Je ne peux m'empêcher aujourd'hui d'exprimer toute ma gratitude envers mes parents. Tout ce qu'ils nous ont donné a réellement permis de faire de mes frères et moi des êtres équilibrés, emplis de valeurs même si à cette époque, comme une litanie générationnelle, j'étais plus occupée à leur en vouloir… Tout était, là encore, réglé comme du papier à musique dont la mélodie allait être toutefois bien chamboulée par le décès de la marraine de mon frère.

Changement de rang...

La patronne de mon père avait été si proche de lui et de son filleul qu'elle avait décidé de léguer sa société à mon père. Autant dire que pour les enfants de cette femme, la nouvelle avait été dure à accepter, mais ce n'était pas plus aisé pour mon père qui, alors âgé de 37 ans, se trouvait propulsé du rang de chef magasinier après son entrée dans l'entreprise à l'âge de 18 ans, à celui de PDG.

Tout allait devoir changer.

À commencer par la tenue vestimentaire de mon père qui ne pouvait plus se permettre d'être le même homme s'il voulait un tant soit peu se faire respecter. Mais également nos lieux de vacances, de week-ends et pas seulement.

Mon grand-père se faisant amputer, il n'était plus possible qu'ils continuent de vivre dans la maison au pied du château de Turenne. Adieu cette douce France de mon enfance... mes parents avaient décidé de faire construire une maison à même d'accueillir mes grands-parents maternels et surtout d'en faire une habitation adaptée au handicap de mon grand-père. Cela avait été rendu possible par les nouveaux revenus de mon père évidemment, mais qui gagne d'un côté peut perdre de l'autre ! Le comptable était parti avec la caisse comme on dit, les huissiers toquaient à la porte de l'entreprise et un contrôle fiscal venait chatouiller les nerfs de mes parents.

Autrement dit, cet héritage n'avait rien d'un conte de fée !

Mon père a mis tout son art de la négociation pour que les choses rentrent dans l'ordre.

Mes parents avaient fait l'acquisition d'un mobil-home dans le camping de « La Musardière » à Milly-la-Forêt, distant d'un kilomètre de la petite maisonnette des week-ends et mes frères et moi y passerons toutes nos fins de semaine pendant des années, nous faisant ainsi de nouveaux amis.

Cela pouvait ressembler à bien peu de chamboulements car somme toute, hormis les étés, toutes les journées finissaient par ressembler beaucoup à celles d'avant. Cependant, pendant les vacances, la maison neuve dans laquelle nous allions tous vivre, je la détestais tout bonnement.

Camping de la Musardière

Elle avait beau proposer 115 m^2 habitables, et un terrain de 3000 m^2 ce qui nous changeait vraiment d'un appartement en région parisienne… Elle était pour moi sans âme, située à 3 kilomètres du bourg et de surcroît à l'angle d'un carrefour où passait un nombre incalculable de voitures pendant les vacances : plus de commerces, plus de flippers, nous étions isolés.

Il fallait bien que je continue d'avoir ma propre vie dehors pour parvenir à m'y faire.

L'année 1977 me donna l'occasion de me donner corps et âme au patinage artistique, j'étais inscrite au Club des Français Volant pendant que mes frères y pratiquaient le hockey sur glace. Je sentais tout de même que les fins de mois étaient moins difficiles pour mes parents !

Je m'adonnais à cet art et y démontrai des talents qui finirent par être remarqués, ce qui me valut d'intensifier mes entraînements. J'avais tellement besoin de sentir que je vivais ma propre vie que je tombai amoureuse d'un superbe joueur de hockey, Jean-François K. Même si j'étais sans nul doute fleur bleue, je sentais au fond de moi que je pouvais avoir une vie intense, et ma Joséphine n'avait de cesse de me le promettre. Mes coups de coeur n'avaient d'égales que mes envies d'autre chose et autrement, aussi étaient-ils forts et fulgurants ! Cela allait s'intensifier car mon entrée dans l'adolescence allait me faire entrer dans un nouveau cycle... de vie.

Les débuts de « mon » émancipation

Entre mes parents et moi, il n'y avait guère de discussions sur les choses de la vie et l'hiver 1978 après les fêtes de Noël, je me sentis prise d'intenses douleurs au ventre en plein entraînement. La première pensée qui me vint fut de me sentir punie d'avoir avalé autant de chocolats mais en rentrant à la maison pliée en deux, je me suis découverte inondée de sang !

Ma mère, à ce moment-là, a cru bon de faire son devoir en m'expliquant que... *« Ça y était... »*. Je devenais *« une femme »* ! Et patati... Et patata... et reblabla....

Pourquoi n'en avions-nous pas parlé avant ??!! Il ne manquait plus qu'elle me giflât pour que le décorum soit parfait et une certaine tradition respectée...

Une femme ? Il y avait longtemps que j'attendais de le devenir, mais les cheveux courts que ma mère m'avait imposé de porter, les tenues qu'elle choisissait pour moi (pantalon, Kickers, baskets) étaient bien peu compatibles avec cette évidence.

Je sais fort bien que c'était beaucoup plus pratique pour elle, et qu'elle avait possiblement raison de ne pas me féminiser alors que je vivais comme un garçon manqué... mais tout de même...

Je devenais physiologiquement une femme et au nom de cela, peut-être (sûrement ?) j'étais bridée, coincée, surveillée... L'été, quand j'allais dans la maison familiale, si j'avais le malheur d'embrasser un garçon et que j'étais découverte, je passais pour une fille facile et toutes les commères du voisinage s'empressaient d'aller prévenir ma grand-mère pour lui faire un rapport détaillé de ce qu'elles avaient vu, ou même seulement entendu dire !

Parce que je devenais une femme, fallait-il que les règles soient plus strictes pour moi que pour mes frères ? Parce que j'étais une femme en devenir, fallait-il que les exigences de mon père à mon égard soient plus intenses que pour mes frères ?

Les deux avaient abandonné le collège en classe de 4ème, l'un pour se consacrer à la mécanique automobile, et l'autre à la menuiserie. Moi… c'était exclu. Il fallait non seulement que je fasse mieux mais qu'en plus je fasse attention à mes désirs !

Je ne pouvais pas sortir au-delà de 22h30, je voyais Kinou aller au cinéma toute seule alors que cela m'était totalement interdit… Ma mère elle-même avait bridé ma générosité : pour un Noël, j'avais voulu leur faire un cadeau représenté par des gants brodés « *Elle* » et « *Lui* ». N'ayant pu garder mon secret, tellement j'étais excitée par mon envie d'offrir, j'en parlai à ma mère. Grand mal m'en avait pris car elle me demanda de tout ramener illico au prétexte que j'avais jeté mon argent de poche par les fenêtres.

C'en était trop et les relations avec mon père (le premier homme dans la vie d'une fille somme toute !) qui exigeait énormément de moi sans me donner en retour tout ce qui aurait pu me faire du bien (des encouragements ? des félicitations ?), devinrent très difficiles, délicates, voire même conflictuelles.

S'il avait fallu une raison à cette déchirure entre lui et moi, je pourrais dire que c'était cela : les promesses que ma vie me faisait étaient bien loin des injonctions de faire ce qu'il me réservait. J'avais envie d'autre chose, espérais et aspirais à d'autres événements bien plus excitants que cette vie.

Coincée entre une mère nourricière qui ne pouvait donner son amour autrement qu'à travers la nourriture, et un père tout aussi exigeant qu'absent dans mon éducation… il semblait bien que la vie bien réglée allait se fissurer.

« Evolution n'est pas révolution.
Pourquoi serait-ce de la rébellion ? »

Roy Lewis

« Pourquoi j'ai mangé mon père » 1990

CHAPITRE 2
PREMIERS DÉRÈGLEMENTS D'UN CHÂTEAU DE CARTES

Atypicité

Comme une sorte de « vilain petit canard », je me sentais profondément différente de toute ma famille au point que j'ai même cru avoir été adoptée. Je ne pouvais pas être la fille de mon père tant nos relations étaient devenues difficiles voire douloureuses. Mon père d'ailleurs, qui m'avait inspiré en 1985, un poème que j'avais intitulé :

« Ce que je n'aurais connu que quelques années »

Où sont passées toutes ces journées
Au cours desquelles Papa jouait avec moi.
Il me faisait chanter et rire
Et moi je m'amusais à le déguiser.
Pourquoi repenser à toutes ces choses-là
Qui sont finies et qui n'auront pas duré.
Maintenant, ce n'est plus qu'un souvenir
Car ces journées-là n'existent plus dans son esprit.
Mais malheureusement, elles sont restées dans le mien.
Comment comprendre qu'après avoir

Passé tant d'années l'un près de l'autre
On puisse aujourd'hui s'ignorer.
Le souvenir qui reste gravé en moi
Ne représentera dans quelques années et déjà maintenant
Qu'une infime partie de ma vie
Pour n'avoir duré qu'un infime moment
Alors j'oublierai chaque instant
Et malheureusement pour moi
Partiront les richesses des sentiments d'un Papa.

Entre lui et moi, cela a été comme un affrontement en différé. Pour échapper à la règle qu'il avait posée - par exemple rentrer à une certaine heure - je préférais déjà recevoir une bonne « engueulade » après, plutôt que d'obéir voire même seulement prévenir que j'allais être en retard.

Je dis aussi « en différé » car mon père et moi avons été aux antipodes quant à nos espoirs dans la vie. Son début de phrases presque récurrent a toujours été *« Le problème c'est que... »* alors que moi, je préférais le secret que Joséphine me livrait jour après jour... *« La solution c'est que... ».*

Qu'il s'agisse de mes choix de vie en tant que femme, mes choix d'éducation envers mes enfants, mes choix de maisons, mon père n'a jamais, ou si peu, qu'à peine - quoi qu'il en soit jamais pour moi, de manière évidente - cautionné mes actes. Tout a souvent été source d'opposition. À travers ses propos, il me signifiait que ce n'était *« jamais assez ».*

À présent je suis heureuse car nous nous sommes trouvés et l'entendre m'appeler « ma fille » quand nous nous parlons au téléphone est pour moi juste un pur bonheur. Dans ma vie à cette époque-là, seule fille dans une fratrie de garçons, je me devais de faire aussi bien, voire surtout mieux que mes frères ! Aussi étais-je devenue un vrai garçon manqué pétri de cicatrices tellement le risque et le danger étaient devenus étrangers à ma manière d'être et de vivre.

Je bravais les interdits maternels qui m'exhortaient à faire attention, et tenais tête aux figures masculines (mon père et mon grand-père) qui exigeaient de moi plus encore qu'ils n'en demandaient à mes frères.

Je ne ressemblais à personne. J'étais persuadée que j'attirais les situations les plus délicates, les plus singulières. Autour de moi les personnes s'étonnaient que telle ou telle chose n'arrive « qu'à moi », et pas aux autres.

J'en ai quasiment fait un karma pendant un bon nombre d'années, comme une condamnation à la difficulté. Joséphine, ma soeur… ma jumelle, me murmurait que mon destin était ailleurs, qu'il ne pouvait certainement pas être standard, qu'il se devait d'être plus rocambolesque ou plus romanesque.

Pour autant, je n'aimais pas être seule et mes amies étaient pour moi un soutien de tous les instants et un souffle salutaire… mais pour combien de temps ?

MON AMIE Kinou, que je connaissais depuis la maternelle m'a quittée un jour de l'année 1981 pour Font-Romeu où ses parents s'étaient installés. Son départ a été une telle déchirure que j'en ai vécu, je le sais, une véritable dépression. Kinou loin de moi me laissait un immense vide, une béance aux allures de néant.

Nous partagions tout, absolument tout. J'étais très souvent chez elle, y ayant presque le statut d'enfant de Sa famille dans laquelle je me sentais bien.

Cela devait possiblement redoubler l'intensité de ma sensation d'être trop différente dans la mienne pour être la fille de mes parents. Les Ecoles, les cours d'allemand, le catéchisme prodiguée par sa mère, nous étions aussi différentes physiquement que soudées par une Amitié indéfectible autant qu'indélébile.

Le redoublement et mes doubles peines

Le départ et l'absence de Kinou m'avaient rendue morose... Et comme si cela n'avait pas suffi, ma mère s'était opposée à mon passage en classe de Seconde, me faisant perdre non seulement la fréquentation de mes amies Isabelle B., Stéphanie G., pour qui les parents étaient intervenus afin qu'elles ne redoublent pas, mais de fait, me condamnait à ce qui m'était étranger : vivre quotidiennement avec plus jeune que moi alors que je ne trouvais de plaisir dans les relations qu'avec des personnes soit de mon âge, soit plus âgées et donc plus matures a priori.

Cette période-là, 1981/1982, je vivais trois « ruptures » : celle de mes copines de collège que je n'allais plus revoir l'année suivante, celle du départ de Kinou et celle qui m'avait fait passer d'un état de « jeune nana bien dans sa peau et sans complexe » à l'état « d'adolescente déprimée, en perte de contact avec elle-même et de confiance en elle-même ».

J'allais redoubler et mon état sensiblement différent de celui que j'avais toujours arboré avait conduit ma mère à m'amener chez le médecin de famille, Docteur P**** qui avait eu cette phrase déterminante dans ma relation à mon propre corps. Cette femme, flétrie par le soleil, ne ressemblant à rien si ce n'est à une reinette de 35 kilos tout au plus, dit à ma mère :
« 62 kilos, 1,58m, votre fille est en surpoids et si à 15 ans elle est ainsi..... »

Quelle était la suite de la phrase ? Signifiait-elle que j'allais devenir obèse ? Etait-ce un message adressé à ma mère pour qui bien manger était un signe de bonne santé ? La notion de complexe est entrée dans ma vie à ce moment-là, réellement, pleinement.

Ce médecin m'a illico mise au régime. Cela m'a fait vivre autrement ce que je savais de ma corpulence ! 4 années de patinage artistique que je venais de terminer, le poids de ma musculature, jusqu'alors tout cela n'avait jamais été un problème pour moi !

Jusque-là, j'avais totalement assumé mon corps au point de plaisanter sur la taille « Bonnet A » de ma poitrine comparée à ma stature et ma corpulence « charpentée ».

Voilà que j'ai commencé à me sentir grosse, puisque le médecin l'avait dit, et à me sentir mal dans mon corps. C'est littéralement une déprime que j'ai commencé à vivre, quittant en cela mon monde d'insouciance, de jeux, de plaisirs et de découvertes.

Cette déprime s'est distillée dans ma vie pour s'exprimer dans des moments forts sans que, finalement, personne ne le voie ou n'envisage vraiment ce qu'il pouvait en être sur ce que je vivais et ressentais. Je me suis sentie mal au point d'embarquer dans mon vaisseau de vie le besoin d'être aimée et reconnue par les autres, « bouffée* » de l'intérieur par la crainte de ne pas être appréciée.

Ce n'est qu'à l'âge de 23 ans, après avoir rencontré Daniel, mon futur mari, que j'ai commencé à lâcher cette peur tant j'allais découvrir ce que voulait dire « Être AIMÉE ».

Quoi qu'il en fut, je vécus une traversée du désert très seule à cette époque : tout ce que je pouvais montrer ne disait absolument rien de ce que je ressentais au plus profond de moi : mon image extérieure n'avait pas changé, j'étais toujours autant *« la nana super sympa, toujours rigolote et pleine de vie »* alors qu'au fond de moi et comme on dit, entre moi et moi, je pressentais qu'un combat permanent était en train de prendre place.

Je n'avais pas arrêté de manger pour autant, mais quelque chose de « bizarre » dans mon rapport à la nourriture s'était insidieusement installé pour finir, des années plus tard, par porter le nom d'anorexie.

**J'emploie à dessein ce verbe « bouffer » car il a eu une influence certaine sur mon rapport à la nourriture, alors que le bon mot aurait été « rongée »*

De surcroît, si mes résultats en physique et mathématiques ne m'avaient pas permis de passer en Seconde, le responsable des cours de patinage artistique Didier Gay***** avait convoqué ma mère pour lui parler de mes talents et lui suggérer de me laisser intégrer l'équipe de France en sport étude.

Je ne me souviens pas qu'il y ait eu discussions à ce sujet, je sais seulement que le couperet est tombé : la réponse était NON, j'allais arrêter le patinage.

Quelle injustice !! La déprime dans laquelle je tombais peu à peu se nourrissait de l'idée que mon avenir était brisé. Est-ce enfoncer une porte ouverte pour qu'évidemment, aujourd'hui, je remercie mes parents de leur décision ! Or, de la même manière en restant dans le temps de l'histoire, j'étais évidemment persuadée que ma « vie était foutue » !!

Tout ce que je pouvais faire m'était refusé ET tout ce que je faisais n'était *« jamais assez »*. Mon père m'en demandait toujours plus, et quand le bulletin de notes arrivait, c'était toujours le même rituel : ma mère le donnait à mon père, je me postais devant lui assis dans le fauteuil de la salle à manger et j'attendais son commentaire : *« Tu vois, tu peux mieux faire »*. Voilà ma récompense, jamais un compliment. Ma mère elle-même me bassinait avec une certaine « Martine » à qui je crois, elle aurait rêvé que je ressemble.

« Tu devrais être comme Martine, regarde, elle est bien et elle écoute ses parents »... Tu parles, je crois surtout qu'elle n'avait pas d'autre choix ! Son père était commandant dans l'armée et ça ne rigolait pas dans leur famille !

Nous, nous avions cependant connu autre chose même si les relations entre mes parents et moi s'étaient détériorées.

Pendant toutes mes années lycée post 1982, j'ai donné le change pour laisser croire que tout allait bien, mais au fond de moi, c'était un véritable désert. J'avais fini par douter de tout, de l'amour que mon père et ma mère me portaient, et surtout de moi-même. Ma douce Joséphine restait fidèle à ses « engagements » envers moi, elle m'exhortait à penser autrement, à vouloir autre chose et me donnait la force de le vouloir moi aussi.

Je me voyais continuer de déployer mon tempérament vif, mes désirs d'émancipation, or j'étais encore tenue par les règles de vie à la maison : pas de maquillage, pas de sortie au-delà de 22h30 jusqu'à mes 18 ans alors que je quittais des soirées où de jeunes adolescentes de 14 ans continuaient de faire la fête à ma place. Mon frère me ramenait à la maison en voiture.

Mon père était formel : *« Tant que tu vivras sous notre toit, tu te soumettras aux règles familiales du foyer »*. Je pense que j'aurais peut-être mieux accepté si cette norme s'était appliquée de la même manière à mon jeune frère.

C'était décidé, dès que j'en avais l'occasion, je franchissais la ligne jaune, préférant en cela ne rien demander au risque d'essuyer un refus, et recevoir avec certitude la réprimande associée. Au moins m'étais-je donné le droit d'avoir passé une bonne soirée !

J'enfoncerais des portes ouvertes si je disais que c'est lorsque je suis devenue mère à mon tour que j'ai compris. Tout parent pense bien faire pour son ou ses enfants et au bout du compte nous faisons tous du mieux que nous pouvons alors que les ressentis peuvent être radicalement opposés. Portes ouvertes ou pas, je le dis quand même.

Ces soirées justement, j'étais considérée comme la bonne amie, la bonne copine avec qui « on » passe de bons moments, la nana rigolote et tellement sûre d'elle.

Comment dire (leur dire !) que c'était tout le contraire qui se passait dans mon for intérieur. Je doutais de tout ! Contrairement à mes copines, je n'avais pas de « petit copain » et même si je savais autant ce que je voulais que ce que je ne voulais pas, il me faudra attendre mes 18 ans pour avoir une vraie première relation.

J'inspirais beaucoup de sympathie, mais j'avais tellement besoin que l'on s'intéresse à moi autrement, qu'au lieu de « lutter » contre cette image radicalement opposée à ce que je ressentais au plus profond de moi, je me suis enfermée dans cette image de garçon manqué que rien n'arrêtait.

Un « look » qui me valait de rester sur le bord de la piste de danse quand il y avait des fêtes, n'être jamais invitée à danser pour les slows... un en particulier *« Hôtel California »* : une chanson magnifique de solitude pour moi ce soir d'été !

Un « look » qui me valut de recevoir la déclaration d'amour d'une de mes amies du volley-ball en Terminale. Garçon manqué d'apparence, mais une vraie fille à l'intérieur qui se languissait de ne pas trouver l'amour d'un garçon, qui m'aurait faite femme et qui l'aurait fait homme. Voilà QUI j'étais et ce que j'attendais !

Or dans le contexte familial, certains sujets de conversation n'avaient pas droit de cité. Les menstruations en faisaient partie alors autant dire que la sexualité n'avait pas échappé à cette « règle » ! (sans mauvais jeu de mots je vous l'assure).

J'ai eu des petits copains, mais je n'étais attirée que par des garçons différents, des garçons qui bravaient les interdits. J'en avais connu certains, en tout bien tout honneur, et je ne savais évidemment pas, à l'époque, que j'allais m'unir pour la vie à un homme de cette trempe.

C'est une de mes amies de Terminale qui, ayant récupéré des ordonnances chez un médecin, m'a permis de prendre la pilule. C'est dire si l'éducation que mes parents voulaient pour moi agissait à l'inverse de ce que la sagesse aurait prescrit... ! Le plus simple aurait tout de même été que j'en parle avec ma mère.

Tout m'était tellement interdit que je transgressais beaucoup sans jamais me mettre en danger pour autant. En classe de Seconde, je fréquentais les bars environnants, jouais au flipper, aux cartes, au baby-foot mais également me laissais parfumer de toutes les odeurs de tabac que les fumeurs laissaient sur leur passage.

Quand je rentrais à la maison, je passais à l'inspection et à l'interrogatoire de ma mère ! Avais-je fumé, moi ? Et quoi ? Des cigarettes ? De l'herbe ? Bien sûr que non, le cannabis m'effrayait bien plus qu'il ne me tentait. J'aimais surtout me retrouver avec des personnes qui faisaient justement ce qui m'était interdit. Qu'ils soient tranquilles aussi, mon noyau dur d'amis étaient très standards !! Personne ne fumait.

Cela dit, ce jour-là je mentis par omission... Du temps du collège, avec mes amies Kinou, Isabelle B. et Stéphanie G., nous nous donnions rendez-vous rue de Bourgogne à 7h30 pour cheminer toutes les trois vers l'école, et c'est ensemble que nous achetions des Peter Stuyvesant rouges. Les premières cigarettes nous ont fait tourner la tête et peu à peu, j'avais commencé à fumer au point de ne plus ressentir ce symptôme de débutante.

La saine volonté de regard et maîtrise sur ma vie que ma mère développait l'avait tout de même amenée à quelque paradoxe ! Si « fumer était mal », il lui était surtout essentiel d'avoir une « vue sur ma consommation ». Aussi préférait-elle me payer mes cigarettes, et m'autoriser à fumer y compris dans ma chambre plutôt que de me laisser en demander aux autres sans qu'elle le sache.

Mes relations à l'école, à la maison....

Je n'étais toutefois pas d'un tempérament à me laisser aller !

J'avais commencé à travailler très jeune, dès l'âge de 15 ans car ma mère, qui veillait à ce que les besoins fondamentaux de ses enfants soient satisfaits, m'avait dit que si j'en *« voulais plus, il fallait que je me le gagne »*.

Ainsi, les enfants que ma mère gardait ont été pour moi un excellent filon : quelques parents cherchaient des « nounous » pour certaines soirées. J'ai finalement vite compris ce que j'avais à faire pour être plus indépendante. J'ai donc fait du baby-sitting, mais j'ai également travaillé chez un fleuriste à Choisy-le-Roi, accompagné des personnes âgées au cimetière ce qui me valait des pourboires, passé une semaine au service recouvrement de l'entreprise Avis à la Défense, un été au service diététique de l'intercommunale de la ville de Créteil à préparer les entremets, et assuré les fonctions d'agent hospitalier à la clinique de la Porte de Choisy.

Tout cela en continuant mes cours à l'école car il était important que j'aie mon BAC et que je poursuive mes études. Je voulais être infirmière (comme ma mère finalement) or c'est un passage au service oncologie pédiatrie et adulte que j'ai compris que cette voie n'était vraiment pas la mienne. J'avais cependant passé le concours alors que j'étais en classe de Première, et l'avais retenté pendant ma Terminale. J'ai échoué les deux fois, et cela devenait une évidence que ce milieu n'était pas fait pour moi ! Je rentrais littéralement abattue de mes journées au service oncologie où j'avais vu un homme magnifique de 40 ans entrer pour un cancer des poumons et décéder quelques mois plus tard, des bébés atteints de maladies incurables... Tout cela m'avait été insupportable.

Je poursuivis mes études et redoublai ma Terminale pour finalement avoir mon BAC au rattrapage à l'âge de 20 ans. Je sais fort bien aujourd'hui que ce qui reste est plus important que la manière dont les choses s'obtiennent. Quoi qu'il en soit, pour mon père, ne pas avoir son BAC du premier coup a toujours équivalu à ne pas être méritant. Pour lui, c'était du premier coup que j'aurais dû avoir mon diplôme... faute de quoi, je ressentais que je n'avais pas grâce à ses yeux et que mon « papier » ne valait pas grand-chose, si peu qu'à peine ou même rien.

Mes relations avec mon père étaient de plus en plus difficiles au point de distiller dans la tête et le coeur de ma mère la peur de me voir partir en claquant la porte, un jour sans crier gare.

Il fallait que je continue mes études dans ce climat et avec toutes mes insatisfactions.

Le BAC en poche, et ayant définitivement abandonné l'idée de toute vie professionnelle en milieu hospitalier, je me sentis prête pour un BTS action commerciale ou un IUT Technique de commercialisation. Ce ne fut ni l'un ni l'autre car je commençai mes études supérieures en BTS de Secrétariat de Direction tout en étant inscrite sur la liste d'attente d'un IUT de Gestion des Entreprises et des Administrations (G.E.A) dans le 16ème arrondissement de Paris.

Mes premiers cours en BTS me firent faire de la dactylographie. L'idée que cela me plaise était bien mal engagée et quand j'appris, fin septembre que je passais du rang de liste d'attente à l'IUT à celui d'étudiante reçue, j'ai été sacrément soulagée. Pour peu de temps cela dit car les 6 premiers mois m'avaient vite fait comprendre que je n'étais vraiment pas faite pour l'informatique et la comptabilité !

Le bonheur que j'en garde est d'avoir rencontré des personnes que jamais la vie qui était la mienne ne m'aurait permis de rencontrer. Caroline, Nicolas, Dominique, Laurence, Sylvain, Éric… et toutes les nouveautés que je découvrais dans ce quartier chic du 7ème arrondissement de Paris !

Au domicile de la mère de Caroline, des ventes privées de prêt-à-porter, et dans leurs habitudes, des vacances aux sports d'hiver, des voyages à l'étranger… j'étais tout aussi déroutée de voir comment ils vivaient qu'eux d'apprendre comment se passait la vie en banlieue. C'est comme s'il y avait une frontière invisible entre nos deux « mondes » qui se révélait à travers nos découvertes respectives.

J'étais devenue une sorte de drôle étrangeté marrante - un clown triste auraient dit mes amis d'enfance qui me connaissaient mieux que quiconque - Le surnom dont j'étais affublée était « Jojo », non en référence à MA Joséphine imaginaire, mais parce que je ressemblais à Josiane Balasko. Comme une prédestination à amuser la galerie pour se faire aimer, et suffisamment gaie pour en rire aussi. Pendant ce temps, je n'arrivais pas à m'accrocher à mes études en IUT voire même, je décrochais lentement mais sûrement. Je ne comprenais plus rien à ce que la prof de comptabilité racontait, laquelle trouvait (peut-être !) un malin plaisir à me questionner pour accentuer mes balbutiements de réponses…

« Plus fort votre réponse ! Je n'entends pas ! Vous nous faites une imitation de Coluche ou quoi ? »

C'en était trop. J'ai commencé à sécher un cours, puis deux, pris du Lysanxia pour me sentir plus calme, et comme cela me procurait un état de léthargie totale qui me coupait encore plus des exigences professorales, j'en reprenais pour appréhender mes résultats catastrophiques…

Comme une boucle infernale était en train de s'enclencher, je décidai d'arrêter totalement mes études afin de ne plus avoir à commettre de telles erreurs qui ne me permettaient même pas de poursuivre mon cursus scolaire…

Je ne me séparai pas pour autant de mes amis aux « moeurs différentes » ! Je passais le plus clair de mon temps chez Nicolas, un garçon étrange comme je les aimais et savourai un séjour au ski, dans le Jura, chez Dominique, avec Nicolas et toute la joyeuse bande. Leurs bras ouverts à mon égard résonnaient comme une protection qu'ils me prodiguaient. Leur argent de poche, conséquent au regard de ce que je connaissais, se transformait en moments dont ils me faisaient bénéficier. Pur cadeau !!

La dernière fois que j'avais mis les pieds à la montagne pour des sports d'hiver, j'étais en classe de CM1 !!... Ma future belle-soeur (la femme de mon frère aîné) m'avait prêté tout l'équipement nécessaire et si je n'avais évidemment pas le niveau que « ces gens-là » possédaient, je me débrouillais pas si mal en exploitant mon style d'ancienne patineuse artistique pour les freinages ! Peu académique, tout le monde en convenait, mais efficace !

En fait, ce que je vivais n'était porté que par mon envie de fuir l'antre familial dont mes parents détenaient les clés et dont mon père m'avait signifié la règle : tant que j'y vivais, je ne pouvais pas choisir mon propre mode de vie.

... et mes relations au travail

J'avais déjà une certaine expérience des petits boulots pour gagner le surplus de plaisirs que mes parents ne me donnaient pas, estimant (à juste titre possiblement) que si je voulais autre chose, c'était à moi de me le donner.

J'ai donc enchaîné divers jobs et ce, pendant 4 ans.

Vendeuse dans un magasin de sport à 1h30 de trajet de la maison, ce qui me faisait rentrer à plus de 23h00 chaque soir ! Vendeuse de cadres en porte à porte, caissière dans un commerce de la grande distribution pour une seule journée seulement car je me trouvai réduite à nettoyer les sanitaires !

C'est en arpentant les centres commerciaux que j'ai pu trouver, pour 3 semaines, un poste de vendeuse en magasin dans le showroom duquel j'ai ensuite occupé un poste de responsable des stocks. Mon contrat ayant pris fin, je suis rentrée comme VRP salariée au sein des Editions Quillet du Groupe Hachette, pour vendre des encyclopédies autodidactiques.

J'y ferai des rencontres, dont celle de Sabine qui fait toujours partie de mon environnement amical et que Daniel adorait.

Il ne s'agissait pas de faire du porte-à-porte, mais d'organiser des jeux concours dans les établissements scolaires. Les coupons de jeux devaient nous servir de fichiers recelant les noms de tous les participants ! Une aubaine pour moi et l'équipe de vendeurs dont j'étais devenue la responsable : chaque lundi, nous étions sur le pont rue Jean Bleuzen à Vanves pour appeler les participants, obtenir des rendez-vous et vendre ces *« magnifiques encyclopédies reprenant l'intégralité du programme scolaire et permettant à coup sûr de garantir aux familles la réussite de leurs bambins »* ! Cela scandait comme un slogan publicitaire et il fallait y croire car j'étais seulement payée à la commission.

C'était, de fait, un travail de titan qui mobilisait une grande part de mon énergie, mais j'étais convaincue autant que déterminée: je n'avais pas vraiment le choix si je voulais avoir mon salaire en fin de mois et des bons d'achat d'essence que l'entreprise ne nous payait évidemment pas.

Toute l'organisation était faite pour que nous donnions le maximum de nous-mêmes ! Vendre à tout prix devait être notre principale obsession (ou presque). Vendre à comptant était bien mieux récompensé qu'à crédit, car cela nous rapportait, comme de juste, le plus de points.

Même si je savais fort bien que ce type d'emploi misait sur une motivation sans faille des salariés, et qu'à l'instar des professions libérales, « nous nous faisions notre propre salaire », le fait que je vive chez mes parents avait rendu cela possible. Ils ne me demandaient rien et tout ce que je gagnais était pour moi de l'argent de poche. Sans eux, je n'aurais pas pu en vivre décemment.

J'ai tout donné. Le matin, je me rendais dans les collèges pour aller, pendant leurs pauses, « faire mon speech » auprès des professeurs afin de les impliquer dans le jeu-concours et recueillir ainsi un maximum de coupons avec des numéros de téléphone et des adresses. Les après-midi, j'enchaînais avec les débutants afin de leur apprendre les rudiments du métier en les accompagnant pour leurs premiers rendez-vous. Ce n'est que le soir que je réalisais les miens… ce qui bien souvent, me conduisait à travailler jusqu'à minuit !

Il m'avait bien fallu développer une technique pour ne pas perdre de temps et faire mouche à coup sûr, le plus souvent. J'étais convaincue et donc convaincante ! J'avais même utilisé pour cela une lecture graphologique des signatures de familles récalcitrantes : petite « ruse » si j'ose dire, qui m'avait permis de classer ma « clientèle » en plusieurs catégories : « acheteurs certains », « familles utilisatrices de crédit », décelant par ce biais les acheteurs potentiels que je devais absolument convaincre.

Pendant deux ans et demi, je ne me suis pas arrêtée même par 40 de fièvre ! J'avais rencontré Daniel entre temps et c'est épuisée qu'en septembre 1990, j'ai pu avec mon amoureux, partir enfin en vacances en Grèce, sur l'île de Paros (à Naoussa précisément) pour deux semaines en sac à dos chez l'habitant.

Peut-être vais-je trop vite dans la chronologie, car le récit des débuts de ma relation avec Daniel manque à l'appel du sens de tout cela… J'ai un besoin : celui de livrer comment notre HISTOIRE a vraiment commencé.

« Il se dégage de certains êtres une séduction
qui, favorisée par les circonstances,
peut devenir irrésistible tout à coup ! »

Sacha Guitry

CHAPITRE 3
LA BASCULE

De l'outrage…

Je vivais toujours chez mes parents en 1988 mais je travaillais et à cette époque, j'occupais un poste de Responsable des stocks dans une entreprise familiale à Romainville dans le cadre d'une mesure gouvernementale de politique de l'emploi qui s'appelait « SIVP », autrement dit Stage d'Insertion dans la Vie Professionnelle.

J'avais trouvé ce job grâce à l'épouse de celui qui allait devenir mon patron. Nous nous étions rencontrées dans une boutique de la galerie Galaxy dans le 13ème arrondissement de Paris et elle m'avait fait la proposition de venir travailler pour son mari dans un showroom.

J'avais accepté.

Au rez-de-chaussée de la société se trouvait un atelier de sérigraphie géré par le beau-frère de mon patron, un certain Daniel Elie. L'homme qui devait changer le cours de ma vie ! Même si j'étais bien jeune, j'avais assez vite compris que Daniel excellait dans l'art du « coureur de jupons », au point de « collectionner » les maîtresses réparties précisément ou savamment (!!) chaque jour de la semaine.

Je savais aussi qu'il avait trois enfants et bien que divorcé, qu'il revivait avec son ex-épouse. Je voyais Daniel organiser son agenda de manière à, comme il le disait lui-même, *« joindre l'utile à l'agréable »*. J'avais bien compris que les rendez-vous étaient tant professionnels que galants !

Tout cela me semblait peu honorable et j'avoue que je n'étais pas vraiment admirative de tels comportements ! Aussi je ne communiquais que peu avec lui, me contentant de lui faire passer les messages de ses dulcinées hebdomadaires... Brigitte, celle du lundi, et toutes les autres prétendantes.

Manquant de « sens de la discrétion », Daniel me fit remarquer que je devais tout de même être plus « soft » dans la transmission des messages... Oui, mon patron (son beau-frère) était bien au courant de ses frasques, mais tout de même, il ne fallait pas que l'identité de ses maîtresses soit connue.

Le soir, je rentrais chez mes parents et je m'épanchais auprès de ma mère en lui disant quel « sacré énergumène » travaillait dans la société ! J'étais littéralement outrée par les agissements de Daniel.

...Au démarrage...

Bien que ne cautionnant pas les pratiques légères de Daniel, il n'en demeurait pas moins qu'il était le « boss » de l'atelier de sérigraphie et quand il me demanda un jour de venir travailler un week-end parce qu'un gros contrat exigeait une mobilisation de main d'oeuvre, je n'ai pas refusé.

Qu'avais-je donc d'autre à faire du reste... Mes amis étaient en couple et moi, je n'avais rien à vivre de tel pendant mes week-ends.

Ce jour-là fut mémorable. Tout le monde était là : mon patron et sa femme, Daniel et sa femme ou plutôt devrais-je dire ex-épouse, mais leur manière de vivre ne ressemblait à rien de commun...

Tout le monde mettait « la main à la pâte », Daniel fit les présentations et c'est comme « sa maîtresse » qu'il me présenta à sa femme !!

Je savais à quoi ressemblaient ces femmes : sexy, sûres d'elles et moi… ce jour-là, vêtue d'une salopette qui me faisait ressembler à une gamine éloignée de ces frasques, je suis tombée des nues ! Aussi bizarre que cela puisse paraître, cet épisode n'a donné lieu à aucun commentaire.

Juin 1988 sonnant la fin de mon contrat, j'ai voulu organiser un pot de départ comme cela se pratiquait dans les entreprises. Je n'avais pas peur de me retrouver sans emploi, car j'étais certaine d'en trouver ! Aussi, un « pot » ne pouvait être une gageure* ! L'alcool étant invité à la fête, et parce que je ne le supportais pas j'ai, sous ses effets, accepté l'invitation de Daniel : aller déjeuner dans un restaurant italien, *« Chez Gino »* près de République.

Les jours suivants je me suis demandé pourquoi j'avais accepté l'invitation de cet homme, de 16 ans mon aîné, déjà père de trois enfants, déjà divorcé, et dont je connaissais ma foi, tous les écarts de conduite.

Joséphine est venue me retrouver dans mes pensées :

- Comment te sens-tu dans la routine de ta vie chez tes parents ?
- Seule et à l'étroit !!
- Comment envisages-tu ta vie ?
- Pimentée !!
- Et c'est tout ?
- Non, je me vois braver les interdits de mon éducation, je m'y vois marcher vers l'inconnu, je m'en sens déjà grisée !
- Alors quitte ta salopette, mets un tailleur jupe et blazer et…vas-y !!

---

* *« C'est une gageure » se dit d'une action, d'une opinion singulière étrange, et qui semble un défi au bon sens.*

.... Du partage.

Daniel et moi nous sommes retrouvés dans cette fameuse pizzeria où j'ai pu constater une nouvelle fois qu'il était connu « comme le loup blanc » et tellement apprécié ! Nous sommes allés ensuite au Parc de Vincennes, où nous avons passé l'après-midi à discuter, assis dans l'herbe.

Joséphine avait eu raison de m'exhorter à accepter l'invitation, je découvris un autre homme. Un Daniel calme, prévenant, doux, attentionné... bien loin de ce que j'avais pu « voir » de lui dans l'entreprise !

Nous nous sommes revus les jours suivants, et le mois d'août arrivé, Daniel m'a une nouvelle fois invitée à déjeuner dans un restaurant des bords de Marne. Il allait partir en Bretagne pour le mois, retrouver sa famille, et soucieux de la date de mon anniversaire, il n'avait pas voulu partir sans me dédier du temps.

Ce jour-là, il signait ses propos envers moi comme des aveux, se présentant à moi dans tous ses travers... Vie décousue. Passion pour la pêche. Goût pour la solitude. Conduite en état d'ébriété. Agression d'agents de police. Retrait de permis. Récupération de permis après cinq années de mise à l'épreuve. Refus de payer la vignette automobile parce que *« cet argent n'allait pas aux personnes âgées ». « Le SIDA n'est pas ce que l'on croit... »*

J'en oublie possiblement, mais cela me suffisait pour regarder Daniel comme un homme dont je ne pouvais qu'admirer le courage! Quelques jours auparavant, j'avais vécu un moment hors de mon commun... Je ne pouvais qu'être séduite même si ledit moment aurait pu en faire fuir plus d'une.

Daniel et moi nous étions retrouvés dans un hôtel plutôt « glauquissime », du genre hôtel de passe et pour pouvoir l'y retrouver, j'avais dit à ma mère que j'allais à la piscine afin d'expliquer pourquoi j'emmenais ma serviette de bain et mon nécessaire de toilette. Ce moment a été pour moi mémorable de peurs en tout genre et en premier lieu, celle de voir débarquer dans la chambre les forces de l'ordre !!

Daniel pimentait en effet mon quotidien, et je sentais que je commençais à l'aimer.

Le mois d'août passa. Je ne reçus aucune nouvelle de Daniel et n'en attendais pas pour la simple raison qu'il était en famille et que notre relation ne pouvait prendre sa place au grand jour. Or il vivait dans la commune de Saint Maur des Fossés dans le 94, avec son ex-femme et leurs enfants, et moi, dès le mois de septembre, je trouvai un job à Orsay dans une société de construction de maison. Mon emploi du temps était parfaitement compatible avec des escapades et je devins « la maîtresse du Jeudi » dans la vie de Daniel.

Il m'initiait aux plaisirs de l'érotisme sous toutes ses formes et je devais jongler entre ma relation avec lui, mon nouveau boulot, mes parents, mais aussi les autres conquêtes de Daniel. Tout était nouveau pour moi.

C'est dans cette dynamique de vie et de découvertes du haut de mes 23 ans, qu'un jeudi d'octobre, Daniel m'a invitée dans un superbe hôtel pour me dire qu'il mettait fin à notre relation. Il m'a même fait un cadeau dont j'ai tout oublié…

Etait-ce un présage que cet oubli ? Je ne peux que le penser car quelques jours suivant sa déclaration de rupture, il a souhaité me revoir pour me dire tout l'Amour qu'il ressentait pour moi, mais aussi que cet amour lui faisait tellement peur qu'il ne pouvait que se résoudre à y mettre un terme, qu'il était convaincu qu'il ne vivrait pas vieux, qu'il mourrait comme son père à l'âge de 47 ans, terrassé par un cancer, laissant seuls femme et enfants (Daniel et ses frère et soeurs).

Je reçus ses confidences et ses aveux sans en être effondrée, tellement assurée que cet homme pouvait devenir quelqu'un de différent, et retrouver foi en la vie. Il me disait la brûler par les deux bouts, abuser de tout, des femmes comme de l'alcool et de la solitude aussi…

Il m'apparaissait comme un être pouvant ÊTRE dans la vie, la consommer et non la consumer…

Nous avons décidé malgré ses propos, de continuer à nous voir « le jeudi » sans rien envisager de plus.

Daniel a certainement cheminé pour me dire cet après-midi-là, dans le bar près de l'endroit où nous avions coutume de nous promener…

« Tu es la seule femme que je vois en dehors de mon ex-femme, Tu es la seule et c'est toi que je veux ».

16 ans d'écart entre nous.
Notre premier voyage en Grèce.

« Il n'y a pas six ou sept merveilles dans le monde.
Il n'y en a qu'une : c'est l'amour »

Jacques Prévert

DEUXIÈME PARTIE
LES ÉMOIS DE L'AMOUR, LES TOI(S) ET LES MOI(S)

Bien qu'ayant abandonné ma longue chevelure pour une coupe à la garçonne, je sentais déjà que mon attrait pour la gente masculine me titillait.

Ayant vécu mon enfance et mon adolescence entourée de garçons, ma féminité ne pouvait éclore qu'ailleurs. À quelques mois de mes 20 ans, le 18 mai 1986, Joséphine m'inspirait un poème que j'avais intitulé *« Conseil »*.

Si je le glisse ci-dessous c'est qu'a posteriori, il me semblerait presque prémonitoire… L'immense différence somme toute, c'est que la magnificence de la vie amoureuse, je n'allais ni l'inventer, ni la rêver, mais bel et bien la vivre !!

Tu ne cesses de pleurer et pourtant
Tu sais que rien ne pourra changer.
Il te faut accepter la vie que l'on t'a choisie,
Et te comporter comme si elle te convenait.

Sèche tes larmes, même si tu as mal.
Regarde autour de toi, et fais un sourire à la vie,
Même si celle-ci ne t'en fait jamais.

Tu pleures pour te soulager,
Mais en même temps tu ravages ton visage
Qui s'endurcit et ne devient pas joli.
Pense à toi, oublie tout ça.

Sors de ta prison et découvre le monde
Contemple toutes ces merveilles et remplis-toi l'esprit
De tous les bons côtés de la vie.

Quand il pleut, ne pleure pas, parce qu'il fait mauvais
Il faut accepter la nature
Et même si le temps est couvert,
Il faut que le soleil et la chaleur soient en toi.

Essuie tes larmes et dis-toi que ta vie commence
Et que les histoires passées n'ont jamais existé
Mais que seulement aujourd'hui, tu es née.

Plonge-toi dans tes rêves qui te feront oublier la réalité
Et si quelqu'un venait essayer de te faire remonter à la surface
Dis-lui bien qu'il ne faut pas qu'il le fasse
Et que depuis que tu rêves, tu as cessé de pleurer.

Tu voyages parmi les fabuleux contes que tu t'inventes
Et la vie te semble ainsi magnifique.

Comme un Signe de mon destin,

Mon mari m'a faite Cygne.....

Et je me suis envolée.....

« Aimer, c'est être exclusif,
se donner soi, tout entier, à un être unique »

Paul Léautaud

« Le journal particulier » 1936

CHAPITRE 4
AU NOM DE L'AMOUR

De promenades en escapades amoureuses, d'hôtel en hôtel, nous nous sommes finalement retrouvés dans l'appartement que mon institutrice de cours primaire nous avait prêté. Amusant d'ailleurs de se lover dans la chambre de mon ancienne « maîtresse – au sens instit », le jour où Daniel me dit que j'étais son unique maitresse…

De ce moment-là, notre Histoire qui mourra avec lui le 4 février 2015, a commencé à naître.

Nous étions le 17 avril 1989, il était 7h30.

Dehors, muni d'une simple valise, Daniel attendait que mon père quitte la maison pour sonner à la porte. Il avait frappé à la fenêtre de ma chambre, au rez-de-chaussée, mais ses tapotis ne m'avaient pas extirpée des bras de Morphée.

Ma mère vint donc me porter la nouvelle :
- Daniel veut te parler...

Mon coeur battait la chamade et son rythme s'accéléra lorsque Daniel m'apprit qu'il avait dormi dans sa voiture… qu'il avait été

« mis à la porte de chez lui » par son épouse… et qu'il *« ne savait plus où aller »*….

Ce n'était pas le moment d'en parler. Il fallait aller travailler, lui de son côté et moi du mien. Ma mère m'ayant assuré de ne pas parler de notre relation à mon père, je lui fis la promesse de rentrer à l'heure du déjeuner pour m'en ouvrir auprès de lui.

Quand mon père arriva, quotidiennement vers midi, pressé comme à l'accoutumée, je lui avouai rapidement que je fréquentais un homme, divorcé, père de trois enfants et que… nous allions vivre ensemble.

J'étais loin d'avoir envisagé des événements de la sorte pour ma vie… Je voulais prendre le temps, mais tout s'accélérait. J'aurais pu dire « non » car il ne s'agissait ni d'un coup de tête, ni d'un coup de foudre : je pense surtout que je voulais tellement rompre avec mon éducation que j'aurais même pu rencontrer et m'enticher d'un *« taulard »* !

À l'image de ce que fut notre Histoire, la routine n'a jamais eu droit de cité entre nous pendant nos 26 années de vie commune. Il en a été de nos débuts comme de notre avenir. Joséphine me soutenait en m'insufflant la force d'être, pour Daniel, ce qu'il aimait à me reconnaître en me nommant: sa *« Princesse »*, sa *« Reine de la débrouille »*, mais également une *« Guerrière »*, comme ses amis aimaient à le dire

Ma mère avait peur, elle craignait de me perdre si mon père réagissait mal. Elle devait le lendemain passer son permis de conduire mais hésita à s'y présenter tellement la crainte que les « choses tournent mal » l'avait saisie.

Or mon père ne dit qu'une chose :

- Tu ne fais pas un chopin*, me dit-il
- Je ne te demande de le juger, seulement de l'accepter…

**Autrement dit, « Tu ne fais pas une bonne affaire »*

J'ai passé mon après-midi à chercher une solution pour ce nouveau « NOUS », mon père et Daniel devant se rencontrer le soir même autour d'un apéritif. Comme si Joséphine, cet autre MOI, m'avait entendue, une de mes collaboratrices dont le père était agent immobilier fut notre « sauveuse ». Cette providence allait prendre les traits d'un appartement triplex, encore en travaux à Montreuil : c'est là que nous devions passer la nuit.

La rencontre des deux hommes

La métamorphose de Daniel fut flagrante. Habitué des Santiags, jean's moulant, cheveux longs bouclés et bijou à l'oreille, il se présenta le soir même cheveux coupés, boucle retirée et bottes rangées.

De son côté, mon père avait une passion pérenne : la pêche.

Autant dire que le sujet de conversation entre Daniel et lui était tout trouvé !

Daniel pêcheur tranquille...

La soirée s'est exceptionnellement bien passée et à l'heure de se quitter, j'annonçai à ma mère que j'allais dormir chez la soeur de Daniel, or, comme il y avait des problèmes de chauffage, il me fallait prendre des couvertures.

Joséphine ou *« comment se sortir d'une situation compliquée »* Il me fallait un alibi pour me sauver, ne pas laisser Daniel partir sans moi. Certains mensonges peuvent y aider, à moins que ce ne soit des astuces de jeune femme amoureuse…

Nous nous sommes retrouvés au dernier étage du fameux triplex. Un appartement en travaux, presqu'à ciel ouvert car aucune fenêtre n'était encore posée. Nous y avons passé une nuit de bohème entre des pots de peinture, et réveillés au lever du jour par les ouvriers oeuvrant sur ce chantier.

Je travaillais encore à vendre des Encyclopédies Quillet, et cette « nouvelle vie » s'ajoutait au rythme effréné de mes activités professionnelles, mais je me sentais « boulimique de VIE ». Tout ce qui pouvait rompre avec le « tic-tac » de ma vie bien réglée depuis mon enfance m'attirait tel un aimant.

C'est Mon Daniel, mon amant et ensuite mon mari qui m'en avait fait la « promesse »…

Le lendemain, le 18 avril, ma mère réussit son épreuve de permis et je lui proposai, pour fêter cette victoire, d'accueillir Daniel pour le dîner. Je n'en restai pas là car je lui avouai que Daniel et moi n'étions pas chez sa soeur et que… peut-être aurions-nous pu dormir chez moi, enfin…chez mes parents.

- Je vais en parler à ton père, or ce ne sera que pour quelques nuits, m'a-t-elle répondu.

Cela a duré deux mois et demi ! Le temps pour NOUS, de trouver un appartement rue de Lagny, à Montreuil, non loin de la porte de Vincennes. Daniel était rodé aux déménagements, or pour moi qui n'avais jamais quitté le lit de mon enfance, ma chambre avec mon secrétaire, tout était inédit : retaper l'appartement, y poser les peintures, les tapisseries, acheter le mobilier… Rien que des actes presque courants d'un couple qui s'installe me direz-vous, mais pour moi tout était nouveau.

Notre couple hors norme

Oui, c'est bien ainsi que je considère le « Duo » que Daniel et moi avons formé.

Un homme plus âgé, généreux à l'excès au point de n'avoir aucune notion de l'argent ni du budget. J'ai pris dix ans de vie en un temps record, que d'aucuns pourraient appeler « maturité ». J'ai pris l'habit de la femme de maison : cuisinière... alors que mes amis demandaient toujours qui pouvait avoir l'audace d'avaler mes préparations, mais également gestionnaire car Daniel dépensait plus qu'il ne touchait de salaire, même s'il gagnait fort bien sa vie, régente du foyer alors que les plis d'huissiers faisaient le commun de notre boîte aux lettres…

La générosité de coeur de Daniel me procurait des surprises, parfois bonnes, parfois moins. Des bijoux alors qu'il ne savait pas s'il en avait les moyens, à « Bernard » un SDF qu'il avait accueilli chez nous.

Daniel a tout bousculé dans ma vie et en premier lieu, la personne que j'étais. Son coeur immense s'est maintes fois exprimé comme le jour de mes 24 ans…

Mes 24 ans représentaient enfin l'autorisation, pour moi aussi, de porter du maquillage qui jusqu'à présent, m'avait été interdit par mes parents.

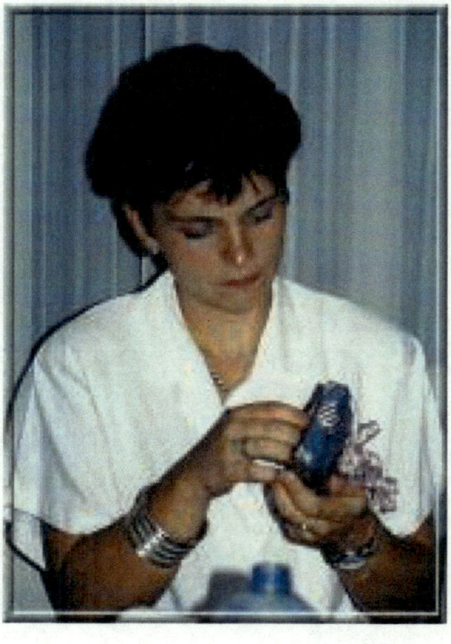

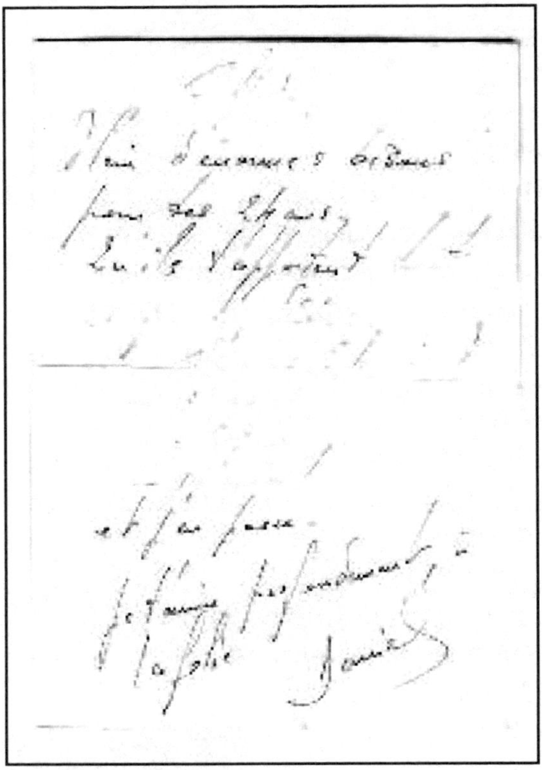

Une séparation pour une vie qui nous ressemble

Quelques mois après notre installation, Daniel fut licencié. Cela faisait « coup double » : ne plus avoir à travailler dans l'entreprise familiale ET ne plus avoir quelque lien que ce soit avec son ex-épouse tant leurs relations étaient houleuses.

J'encourageai Daniel dans sa nouvelle vie qui évidemment n'allait pas être un long fleuve tranquille, ni pour lui, ni pour moi. Il décida en 1990 de racheter une entreprise de sérigraphie. Fort de l'obtention d'un énorme contrat pour imprimer sur des T-shirts un slogan presqu'amusant - quand on connait les difficultés financières que notre vie a posées sur notre route - « *Le Beurre Vive la Vie* » ! Il lui fallait acquérir une machine « Quadrille Sérigraphie » spécialisée. Nous démarrions cette nouvelle vie avec un crédit de 70 000,00 francs, pour Daniel, un statut de gérant non salarié et pour moi, des journées doubles ! Après mon boulot, je le rejoignais à l'atelier pour y travailler, mon père et mon frère étaient aussi de la partie et tous les soirs, je m'endormais sur des T-shirts posés en pile en guise de matelas.

Le lendemain, j'assurais ma propre activité et au bout d'une année, ma vie ne ressemblait plus en rien à ce qu'elle avait été. Les soucis importants, les problèmes, les galères... Tout cela n'avait pas d'emprise sur l'Amour que Daniel et moi nous portions : au diable les ennuis !! Nous allions toujours trouver des solutions !

Au même moment, comme si tout ce mouvement ne suffisait pas, nous devions déménager car le plafond menaçait de s'écrouler, le sanibroyeur dégorgeait dans la salle à manger (je ne ferai pas de dessin pour être plus claire !), le mur de la façade extérieure semblait vouloir s'éventrer... Nous ne pouvions décemment plus vivre dans un tel endroit aussi... merdique ! Les lettres recommandées que j'envoyais à la propriétaire restaient sans réponse de sa part, les seuls courriers qu'elle nous faisait parvenir étant des coupures d'annonces de logement pour nous inviter à partir.

Nous avons fini par trouver un superbe duplex au Raincy, une commune de la Seine Saint-Denis dans le 93. L'appartement était atypique, situé dans une des deux tours d'un ancien château rénové et réagencé.

C'est en septembre 1990 que nous nous sommes dit que nous méritions VRAIMENT quelques vacances !

La Grèce, dans le village de Naoussa sur l'île de Paros en sac à dos pour 15 jours, c'était parfait.

Village de Naoussa sur l'île de Paros

Le séjour s'est très bien passé, nous donnant la magnifique occasion de rencontrer dans le vol pour Athènes, nos premiers amis en tant que couple, Krikri et Nono.

Je dis nos premiers amis car si j'avais gardé ceux qui me suivaient depuis mon enfance, Daniel n'en avait aucun, déçu ou désillusionné par la nature humaine, mais également d'une excessive jalousie envers les hommes qui pouvaient m'approcher.

« Comme de juste », il ne pouvait pas ne pas y avoir d'ombre au tableau… Durant notre séjour, la pénurie d'argent s'est fait sentir, les banques étaient en grève, Daniel découvrit que sa carte de crédit ne fonctionnait qu'en France, il tenta de joindre les Assédic pour découvrir qu'il était radié, quant à moi, je faisais une allergie carabinée au soleil…

Parfait pour décompresser !!

Je n'allais certainement en rester là… et ma Joséphine me murmura une phrase qui m'est restée : *« Maman était en avance en 1966, elle m'a faite à énergie renouvelable !! »*

J'ai donc fini par avouer à nos « nouveaux amis » la galère dans laquelle nous étions et sans nous connaître plus que cela, ils nous ont prêté la somme de 500,00 francs. Nous avons pu, grâce à eux, poursuivre notre périple, visiter Santorin, dormir à la belle étoile, et mener notre séjour et périple jusqu'à leur terme : bateau et avion dont nous avons partagé le trajet retour avec Krikri et Nono.

OUI, de belles âmes que ces deux-là ! Daniel se sentait infiniment reconnaissant et ne savait que faire pour les remercier.

Nous les avons invités à dîner dans notre appartement pourri de Vincennes et je m'étais mis en tête de leur concocter un « fameux repas ». L'expression était juste car n'ayant pas encore développé de talents culinaires (c'est peu dire...), je m'étais lancée dans la préparation d'un Tzatziki afin de nous rappeler la Grèce !

Dès le matin, j'avais préparé l'ail et le concombre pour les laisser macérer toute la journée afin qu'ils soient parfaits le soir... Comment dire que tout cela a été littéralement immangeable ! Heureusement que Daniel avait pu offrir à Nono un blouson et un zoom d'appareil photo dont il ne se servait plus... Cela compensait !

Retour à la réalité

De retour de la Grèce, j'ai craqué : le flot d'imprévus et de mauvaises nouvelles m'ont anéantie. C'en était trop même pour la « Guerrière » que j'étais aux yeux de Daniel.

J'ai capitulé.

Ces cinq dernières années, j'avais appris à compter, faire des choix, accepter la jalousie maladive de Daniel, subir ses excès, ses débordements oraux quand il avait « un coup dans le nez », ses emportements quand son ex-femme lui refusait le droit de visite de ses enfants, sa manière bien à lui d'être épicurien à dépenser plus qu'il ne gagnait... J'avais assumé les dettes, les amendes, fait face aux plis d'huissiers, au Fisc qui réclamait son dû d'impôts non réglés, payé l'école privée de la fille aînée de Daniel car son ex-femme le lui imposait.

Daniel avait dû déposer le bilan de la société de sérigraphie et de surcroît, rembourser la totalité des indemnités de chômage qu'il avait perçues à tort.

Trop, vraiment… c'était TROP.

J'ai sombré dans une sérieuse déprime qui allait prendre fin en avril 1991. Mon job me demandait toujours une énergie folle or je n'en avais plus, voire même, je me sentais écoeurée et commençais à sérieusement culpabiliser de tous les mensonges dont j'avais été capable pour « vendre à tout prix » et gagner ma vie. J'ai été mise en arrêt de travail et cela me permit tout autant de récupérer que de me poser les justes questions.

Etait-ce là la vie de famille dont j'avais rêvé ? Certainement pas, j'en étais même très loin mais il était hors de question que je fasse marche arrière.

Le retour à notre réalité fut un atterrissage fracassant.

Nous habitions ce merveilleux appartement de Raincy, mais cela ne suffisait pas à m'apporter un peu de repos. Daniel ne trouvait pas de travail malgré ses connaissances professionnelles et les promesses qui lui avaient été faites, quant à moi, dès le mois de janvier 1991, je commençai à rêver d'un job sédentaire qui me garantisse un salaire fixe afin de nous promettre des vacances moins... risquées.

Je reprenais peu à peu des forces et de l'énergie quand en Mars 1991, en me promenant dans une galerie marchande, je tombai sur un panneau indiquant *« Recherche vendeuse expérimentée ».* C'était tout moi ! Je n'ai pas attendu une minute pour aller me présenter, plantant là Daniel tout en l'informant de ce que j'allais faire autant que ce que je devais faire ! La réponse que j'obtins fut qu'ils cherchaient plutôt UN VENDEUR expérimenté.

Qu'à cela ne tienne !! Si ce n'était pas pour moi, c'était donc pour Daniel ! Lui qui avait travaillé pendant 15 ans dans le prêt-à-porter ne pouvait que correspondre à leurs critères.

« Attendez, j'ai l'homme de la situation ».
Je suis allée chercher Daniel qui s'est présenté dans la foulée.

Le 11 mars 1991, la réponse positive nous arrivait.
Une étape de franchie !!

Restait à trouver une solution pour moi, selon les critères de stabilité qui s'imposaient à nous comme à moi. Le secteur de la banque ? Pourquoi pas, mais cela risquait d'exiger que je renonce à mon autonomie tout autant que me familiariser avec la hiérarchie, ce qui n'était pas gagné.

Je commençai dès le mois de janvier à envoyer des CV mais ne récoltai les semaines suivantes que des réponses négatives. Et pour cause, mes lettres de soi-disant motivation n'étaient vraiment pas convaincantes !

Peut-être n'avais-je pas encore récupéré toute mon énergie…

J'en avais laissé beaucoup dans ma nouvelle vie… et nous en étions à vivre à crédit, à manger grâce à la « carte Aurore », à remettre en rayon parfois une partie du contenu des courses car nous ne pouvions pas les payer…

Un vendredi du mois de mars, avant que Daniel ne prenne ses nouvelles fonctions, j'ai rappelé Krikri et Nono qui vivaient en région bordelaise. Sur un coup de tête et parce qu'ils nous l'avaient proposé, nous sommes partis passer le week-end chez eux. Ce type de bulle d'oxygène, nous en avons vécu plusieurs avec eux. Cette amitié naissait pour nous donner des joies profondes.

Daniel et moi étions riches de NOUS et de la confiance que nous avions l'un dans l'autre qui décuplait nos forces respectives au point de nous faire *« franchir le mur du son »*. Nous étions aussi riches de nos AMIS, ces amis-là. Nos hommes s'étaient trouvé une passion commune pour la musique Rock, quand Krikri et moi partagions des plaisirs différents.

Les extrêmes avaient remplacé dans ma vie la routine des petits moments. Il y avait probablement un prix à payer, sans mauvais jeu de mots… et ma foi, le coût des difficultés valait bien la valeur des beautés que nous partagions !

Il n'en demeurait pas moins que j'étais lasse de ces commentaires qui scandaient toujours la même idée : *« Je n'ai jamais vu ça avant »*, ou encore *« Il n'y a qu'à vous que cela peut arriver »*, ou encore *« C'est la première fois que je vois une chose pareille »*… La liste commençait à être bien longue et j'aspirais vraiment à une vie ressemblant un peu plus à celle « de tout le monde ».

Le 1er avril 1991, j'entrai à la BNP.

Nous voilà donc tous les deux à nouveau sur les rails de la vie active, du moins ce genre de vie active, car on ne peut pas dire que nos vies aient été oisives et ternes !

J'en voudrais pour preuve, à ce moment-là, mon entretien de recrutement. Mon interlocuteur me vantait son entreprise en me disant que j'avais *« de la chance ! Nous sommes une petite structure et vous allez pouvoir rapidement devenir polyvalente. Pour autant, sachez-le, la responsable est TRÈS exigeante* - bel euphémisme pour ne pas me dire qu'elle était terrible ! - *et il va falloir vous accrocher »*.

En effet, ça n'a pas été tout rose.

J'ai vécu un véritable harcèlement moral de la part de cette harpie/responsable, qui prenait un malin plaisir à me convoquer régulièrement dans son bureau pour me faire des remontrances. Dans cette société hyper hiérarchisée, mes habitudes de travail en toute autonomie se sont heurtées à des circuits de validation pires que des panneaux directionnels sur la route ! Impossible de prendre des chemins de traverse pour aller plus vite, impensable de passer ni vu ni connu par un minuscule passage sans interdit.

Dès le mois de Juin, je faisais tellement de malaises que j'ai été mutée dans une autre agence, celle-ci dirigée par l'amant de ma Directrice ! Autant dire que les brimades allaient devenir mon lot quotidien. Réduite à faire des photocopies de ses livres de golf, je m'entendais dire que *« je ne méritais guère plus qu'un poste de caissière à Carrefour »* ou encore des propositions à peine déguisées de type *« Si vous ne venez pas aux soirées que l'on organise, vous pourrez dire adieu à votre titularisation »* ou bien encore… *« Si vous n'ouvrez pas plus votre chemisier, vous n'aurez pas d'augmentation »*.

J'ai été titularisée au bout de deux ans alors que la pratique régulière était d'y parvenir au bout d'une année seulement.

Ce que j'ai fait ?

J'ai résisté sans jamais vendre mon âme au diable.

Daniel travaillait loin de la maison et les notes de restaurant ajoutées aux autres charges de notre foyer étaient à peine couvertes par son salaire. Ma rémunération était de 5998,00 francs brut (carte orange inclue)… ça ne volait pas bien haut et si nous avions connu des rentrées d'argent avoisinant les 20 000,00 francs mensuels, nous avions hérité d'une dette globale qui s'élevait à 120 000,00 francs ! Pas de quoi se reposer alors ! Cinq années auront été nécessaires pour « éponger » tout cela.

Il devenait urgent, une fois de plus, d'envisager un déménagement afin que Daniel soit plus proche de son lieu de travail et commence à distiller dans ses pratiques de vie l'idée que ses excès de bonne chère ne faisaient pas bon ménage avec nos revenus.

Rome ne s'étant pas faite en un jour, c'était un chemin proche de notre réalité qu'il était essentiel d'emprunter, et je savais fort bien qu'il prendrait du temps, lui aussi.

Riche de l'amour que nous partagions, je devenais de plus en plus une femme battante qui avançait pas à pas. Daniel, bien que plus âgé et pourtant moins mature, possédait en lui-même ces caractéristiques et promettait de devenir l'homme que j'avais pressenti. Même si rien n'était simple, je n'ai jamais perdu l'espoir.

Rien n'a transparu de mes fatigues et lassitudes : alors que je faisais face aux galères et aux angoisses afférentes, je persistais à m'épanouir et répondre, à mon tour, à l'intuition que Daniel avait eue à mon égard, celle de devenir une vraie femme sexy, arborant une vision radieuse de la vie.

Changement (partiel) de réalité

Notre nouveau lieu de vie me ramena des années en arrière : un appartement T2 situé au 7ème étage d'une tour au 35 rue Ampère, quartier où j'avais vécu toute mon enfance.

Le jour de la visite fut mémorable. Cet appartement appartenait à l'OPHLM (Organisme Public d'Habitations à Loyer Modéré) et la porte d'entrée à peine ouverte laissa déjà s'échapper une nuée d'insectes !! L'ancienne locataire venait d'en être expulsée et l'appartement livrait toutes ses horreurs pièce après pièce, une odeur d'urine animale embaumant l'atmosphère... Entre dégoût et nausées, je ne sus que choisir ! Je savais pourtant que nous n'avions absolument pas d'autre choix que de dire « OUI ». Mes parents n'étant pas étrangers au fait que notre dossier avait été traité de manière prioritaire, il n'était pas question pour nous de faire la fine bouche.

Le loyer était abordable, c'était déjà ça. En langage comptable, ce poste budgétaire allait nous permettre (enfin, moi surtout) de gérer au mieux toutes les autres dépenses de notre vie.

Changement de réalité... c'était bien le mot ! Nous quittions un appartement-château et allions nous installer dans ce qui, pour l'heure, ressemblait davantage à un cauchemar qu'à un petit nid d'amour !

Daniel et moi avons pris notre courage à 4 mains et nous avons commencé à tout enlever, tout arracher, tout décoller, tout chasser (je parle des cafards qui avaient, en nombre, élu domicile dans « notre » nouveau lieu de vie).

Plus tard, et comme un retour aux sources, mes frères sont venus vivre près de nous : mon petit frère et sa femme ont emménagé au 9ème étage, mon grand frère au 5ème étage d'un autre immeuble tout près. Je ne me sentais pas seulement riche de l'Amour de Daniel, et de celui de nos amis, je l'étais aussi de ma famille.

C'est certainement grâce à tout cela que jamais au grand jamais, personne à l'extérieur n'a pu deviner ce que nous pouvions vivre au quotidien. Ce qu'il me restait à accomplir et ce n'était pas la moindre des étapes de la transformation, était de faire entendre et comprendre à Daniel que, pour que le concert soit harmonieux, il fallait qu'il comprenne que les cadeaux du coeur étaient plus beaux que les cadeaux du portefeuille... a fortiori quand celui-ci était aussi maigre qu'une feuille de papier à cigarette.

Il fallait un peu plus de temps pour franchir cette ligne, mais je n'en doutais pas ou du moins, à ce moment, je comptais surtout sur moi !!

J'avais commencé à rêver d'une « vie normale »... Nous nous en approchions : Daniel et moi avions nos jobs respectifs, nos salaires nous permettaient d'assumer les charges courantes, les dettes s'effaçaient peu à peu de l'ardoise... Peu réjouissant quand « on » le dit comme cela, mais si normalité rimait avec stabilité et régularité, au moins pouvais-je être assurée que nous étions sur la bonne voie. Ce qui n'avait pas changé pour autant comme un signe de régularité, était la jalousie maladive de Daniel à mon égard, tout comme ses coups de colère dont l'alcool exacerbait l'agressivité verbale lors de certains repas un peu trop arrosés.

Du haut de mes 25 ans, je voyais que certaines femmes (vraiment femmes !) bien plus proches de son âge que du mien, s'approchaient de lui et pour autant, je n'ai jamais ressenti une quelconque jalousie.

Daniel était MON homme et si j'aimais la vie je l'aimais, LUI, plus que tout. Je n'ai jamais eu peur. Nous étions cependant bien différents à cette époque de notre vie. Daniel fuyait le monde et ne voulait vivre qu'avec MOI dans Notre cocon.

Moi, par ce déménagement, je retrouvais de fait mon noyau dur d'amis que je n'avais pas vus depuis longtemps alors que certains faisaient partie de ma vie... depuis la maternelle ! Pendant deux ans, je les ai rencontrés presqu'en cachette pendant que Daniel travaillait et ce pour ne pas le froisser. Je savais tellement qu'il ne comprenait pas pourquoi j'avais à ce point besoin d'autres personnes pour être heureuse, pourquoi et comment j'avais avec eux des relations aussi fortes, pourquoi et comment ils pouvaient me manquer.

Notre rencontre avec Krikri et Nono lui donna l'opportunité de me dire autre chose que *« Tes amis »* quand il parlait de mon entourage. Enfin, grâce à eux, Daniel a pu se sentir en confiance et apprendre autre chose que ce que sa vie lui avait (mal) enseigné. Et ma foi, puisque le « nous » que nous formions prenait une autre saveur amicale, « nous » décidâmes de l'officialiser.

Un mariage épique…

Notre union s'est décidée bien vite. En réalité, nous voulions faire baptiser notre enfant Théo et deux évidences me sont apparues: tout d'abord, je tenais à porter le même nom que mon fils mais également je voulais moi aussi être une « Elie ». *« Être un ELIE »* était sacrément (sans mauvais jeu de mots) important dans la famille de Daniel. Ensuite, la préparation des invitations pour le baptême me faisait réaliser que nous souhaitions la présence des mêmes personnes pour ces deux événements.

Pourquoi donc ne pas célébrer notre mariage le même jour ?

5 mois après la décision prise, tout était organisé, ma robe de princesse choisie (j'y tenais !) et la fête prévue chez mes parents à Turenne

Je me suis occupée de tout, même des nappes pour les tables et si cette anecdote prend place dans le récit, c'est qu'en réalité, nous avions choisi de les louer et non de les acheter. Au moment de les installer, c'est avec colère que je me suis aperçue qu'elles étaient trouées ! La personne en charge de la location m'a justement répondu *« ET bien soit ! Ce n'est pas du neuf justement ! »*. C'est donc à la dernière minute que j'ai dû me précipiter pour aller acheter… des nappes en papier.

Le jour et le mois que nous avions choisis ne semblaient pas être une période à risque sur le plan climatique. Mes frères m'avaient dit *« Vu que pour notre mariage, il a plu, forcément pour le tien, un 17 mai, il va faire beau ! »*.

Je ne sais qui, là-haut, ne les a pas entendus ! Des trombes d'eau nous ont arrosés tout au long de la journée au point que non seulement nous n'avons pas pu faire une seule photo à l'extérieur, mais de surcroît, il a fallu que mon parrain m'amène en voiture de la mairie à l'église. Pas question pour moi d'entrer dans ce lieu dans une tenue détrempée !

Au moment d'entrer dans ce lieu sacré au bras de mon père, mon amie Laurence me glissa à l'oreille que dans la boîte qui devait contenir les alliances *« Il n'y en avait qu'une »*. Autant dire que personne ne savait s'il s'agissait de celle de Daniel ou la mienne ! Rémi, le mari de Laurence nous a donc prêté son alliance pour la circonstance et au moment crucial à l'autel, Daniel porta à mon doigt le seul bijou que nous avions… L'alliance a glissé le long de mon doigt avec la douceur d'un gant de satin et quand j'ai posé au doigt de Daniel celle de Rémi, elle a arrêté sa course à la moitié de son annulaire.

Le prêtre a eu cette phrase amusante autant que mémorable *« Vous savez, dans ces moments, il y a beaucoup d'émotions et il se peut que les doigts gonflent » !*

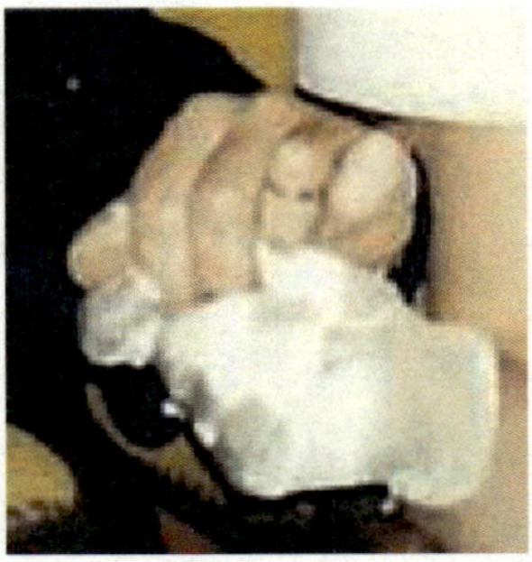

Il n'y avait qu'à NOUS que cela pouvait arriver

Tout s'est, quoiqu'il en soit, divinement bien passé et cette journée a scellé un sacré moment dans notre vie, à tous les trois.

Notre évidence

Mon parrain qui m'avait séduite autant qu'intriguée par son humour salace quand j'étais plus jeune m'avait évidemment offert une danse !

Si nos familles de sang avaient été là, nous célébrions notre union dès le lendemain avec une autre famille de coeur, un « noyau dur » de belles et tendres amitiés.

C'était le lendemain, tous mes amis ne sont évidemment pas tous sur la photo, mais certains font encore partie de ma vie !

« L'essentiel n'est pas de vivre, mais de bien vivre »

Platon

« Criton », 48b - IVe s. av. J.-C.

CHAPITRE 5
AU NOM DE LA VIE

La peur de perdre la vie

Au nom de l'amour que je portais à Daniel et à nos enfants, après la naissance de Jules en Août 2001, je me suis trouvée confrontée à une évidence. Il était fondamental que je préserve la vie qui était la nôtre autant que LA VIE, tout simplement !

Le 11 septembre 2001 y avait été pour beaucoup dans ma décision. Cet acte terrible autant qu'inqualifiable nous avait cloués, Daniel et moi devant le poste de télévision, tétanisés, hébétés devant les images de l'attentat qui passaient en boucle, au risque de créer une forme de fascination morbide qui ne pouvait faire décoller nos yeux de *« la mort en direct*».* Le premier avion, puis le deuxième qui s'encastraient dans chacune des Twin Towers du World Trade Center de New York, leurs effondrements respectifs, et avant… ces personnes qui sautaient par les fenêtres des étages où elles étaient coincées, ayant trouvé ainsi, la seule issue pour ne pas subir leur mort mais la choisir….

**Sans usurper le titre du film de Bertrand Tavernier 1980*

Ces *« Jumpers »* comme ils ont été appelés nous laissaient à Daniel et moi, le goût amer autant qu'essentiel de ce qui faisait la VIE et l'absolue nécessité de l'honorer autant que la préserver.

À l'heure où j'écris, d'autres attentats, ou devrais-je dire d'atroces tueries ont été perpétrées et ont également accaparé les chaînes de télévision... Le 13 novembre 2015 et tous les morts du Bataclan m'auront, comme d'autres certainement, marquée à vie une fois de plus. Je ne le supportais déjà pas, j'en étais encore plus éprouvée car sans cesse ramenée à la nécessité de penser à la fragilité de l'existence.

Il était temps que nous changions de vie.

En 2001, Daniel travaillait à 10 minutes de notre appartement, dans la même entreprise depuis 10 ans. Quant à moi, je devais quotidiennement marcher, prendre le bus puis le RER ligne C, traverser Paris, m'arrêter à la station « Champs de Mars », prendre le métro et arriver enfin à destination station « Boissière » dans le 16ème arrondissement. Pour un seul trajet, je passais 2h30 dans les transports en commun et parfois plus quand un « incident voyageur » se produisait, ce qui advenait tellement souvent qu'il n'en devenait plus une exception.

Insupportable... Littéralement....

Je ne pouvais pas envisager l'idée que ma famille, mon mari, mes deux enfants, vivent dans ces conditions qui me mettaient souvent à mal avec les horaires de garderie ! Déjà avant l'arrivée de Jules, notre second enfant, je ne supportais plus cette vie qui nous avait conduits, Daniel et moi, à envisager ensemble qu'il prenne un congé parental, à l'issue de celui que j'allais prendre pour ma maternité.

Concernant la possibilité pour Daniel, elle pouvait parfaitement venir du fait que depuis 10 ans, il travaillait pour la même enseigne, sans aucune reconnaissance, aucune augmentation, sans qu'aucune des promesses ne soient tenues quant aux récompenses méritées pour son *« professionnalisme »*.

Ce n'était pas le salaire de Daniel qui pouvait couvrir nos dépenses et les siennes en premier lieu, aussi étais-je bien consciente qu'il m'incombait de subvenir aux besoins de la famille et qu'il nous fallait vivre autrement pour ne plus avoir à nous essouffler, voire risquer de ne plus pouvoir respirer !

La peur que je ressentais dans les transports en commun se faisait de plus en plus intense, je sursautais au moindre bruit suspect, je vivais dans la crainte et la méfiance envers tous ceux qui faisaient la manche dans le métro, méfiance entretenue par ce message qui passait en boucle : *« Attention, Attention, des pickpockets sont dans la station…Attention, Attention, des pickpockets sont dans la station… »*.

Tout cela m'était devenu infernal et après m'être effondrée en larmes un soir, dans les bras de Daniel, je pris la décision de tenter une demande. J'ai donc profité de mon congé maternité pour en parler avec mes collègues de travail :

- Je n'en peux plus de cette manière de vivre, je suis inquiète beaucoup trop souvent. Je veux changer de vie. J'aimerais demander une mutation pour une agence qui soit plus proche de chez moi.
- Ecoute Laurence, m'a répondu l'une d'entre elles, tu devrais profiter de ton congé maternité pour postuler dans d'autres banques, tu mérites de trouver mieux que ce que tu as ! Fais-toi confiance et fonce !

Elle avait raison évidemment et il ne fallait pas que j'attende quoi que ce soit de mon employeur, c'était à moi de déclencher les événements.

J'ai tout de même commencé à envisager l'option d'une mutation avant d'investiguer d'autres pistes. La réponse ne s'est pas fait attendre de la part de mon responsable et de l'état-major :

« Nous ne voulons pas perdre une collaboratrice de talent comme vous, vous êtes vaillante, motivée, fonceuse et vous savez, vous ne trouverez pas mieux ailleurs ».

Si je résume, il me disait que je ne pouvais pas prétendre à mieux… Je n'en étais vraiment pas aussi sûre que lui ! J'avais, depuis mon entrée à la BNP en avril 1991, gravi un à un tous les échelons, et même si mon salaire était augmenté chaque année, je ne parvenais pas à rattraper ce foutu retard qui était flagrant entre ma rémunération et celle d'une jeune diplômée sur le même poste que moi !

J'en étais certaine, s'il y avait un avenir pour moi et ma famille… il était ailleurs. J'ai donc demandé à un proche de m'aider à faire mon CV. Il n'était certainement pas vide et traduisait mon ambition qui, si elle ne faisait pas de moi une carriériste ne voulant que son propre bonheur personnel, servait mon projet d'équilibre familial.

Daniel avait 51 ans et ne pouvait plus prétendre à une évolution de carrière, c'était donc à moi et moi seule de prendre les devants. Nous étions en pleine période de passage à l'euro et tout le monde bancaire se focalisait sur ce sujet. J'ai donc tactiquement choisi d'attendre que le passage ait lieu pour commencer à envoyer des CV. J'ai contacté la Société Générale, le Crédit Lyonnais, la Banque Populaire et ai également envoyé une candidature au cabinet de recrutement Mickael Page… on ne sait jamais ! Ils avaient très certainement entretenu un vivier de candidats dont les compétences pouvaient être recherchées par leurs clients ! J'avais l'intime conviction que le poste que j'occupais était prisé par les banques et que la pénurie de postulants me donnait toutes mes chances. Et puis, j'allais avoir 35 ans, j'avais à mon actif l'expérience de 6 postes différents en 10 ans… Sincèrement, tout était de mon côté !

Daniel n'en doutait pas non plus et il m'encourageait, me soutenait dans tout ce que j'avais l'intention d'entreprendre. Certains disaient qu'il se reposait sur moi, et se laissait porter. Non seulement c'était vrai, mais lui-même ne s'en était jamais caché ! Il me rendait hommage chaque jour en disant à qui voulait l'entendre que sans moi, il aurait *« fini sous les ponts »*, ou serait *« mort »*. Notre couple était fait de ce « deal » : nous nous permettions l'un l'autre de vivre la vie qui nous faisait nous réaliser et nous épanouir individuellement et ensemble.

J'ai posté mes premiers CV le 14 janvier 2002 et le 16 janvier, alors que j'étais en train de donner le sein à Jules, le téléphone sonna: c'était le cabinet de recrutement qui souhaitait me rencontrer.

À partir de ce moment-là, tout est allé très vite, je me nourrissais de cette confiance en moi que Daniel faisait grandir chaque jour un peu plus, plus rien n'allait m'arrêter !

J'ai été reçue par la DRH du Crédit Lyonnais, Sophie D**** qui m'assura de mon embauche pour le mois de juillet, à la fin de mon congé maternité.

J'allais enfin pouvoir travailler juste à côté de la maison…

Ce que je n'avais en revanche pas mesuré, c'est qu'il fallait que je démissionne et que ce n'était pas le seul départ qu'il me fallait considérer. Daniel répétant sans cesse qu'il voulait quitter la région parisienne une fois à la retraite, je décidai de lui offrir la possibilité de réaliser son rêve.

Tout quitter, voilà ce que ce choix imposait ! Famille, amis, tout un entourage, mais aussi le petit appartement que nous avions acheté en 1997 qu'il nous fallait vendre.

Je rappelai donc Sophie D**** pour lui annoncer que je choisissais de rejoindre une agence en Province. Il me fut proposé Nantes, Concarneau, des offres que je déclinai. C'est finalement Patrick D'A****, le RH de Toulouse, qui m'appela le 2 mai pour me proposer de me rencontrer.

Tout a changé incroyablement vite cette année-là : notre petit 3 pièces fut vendu le 30 avril, j'allais quitter un emploi stable, démissionner d'une entreprise dans laquelle je travaillais depuis 10 ans, Daniel allait prendre un congé parental, nous ne savions pas encore où nous allions vivre… Comment dire que tout mon entourage était littéralement angoissé par de tels changements !

Moi… je visualisais notre nouvelle vie, l'épanouissement de Daniel, le bien-être de nos enfants, bien loin d'une « ambiance » chargée d'agressions et de folie meurtrière. Je n'avais aucun doute sur notre réussite.

J'allais donc me rendre à Toulouse pour l'entretien. Daniel prendrait la voiture pour aller déposer nos petits gars chez mes parents, quant à moi je m'y rendrais par le train, mon parrain devant me récupérer en gare de Matabiau.

Dans le wagon, je demandai à une femme qui était assise en face de moi d'échanger nos places car celle qui m'était réservée était dans le sens inverse de la marche. Elle accepta et nous passâmes tout le trajet à échanger.

Ce qui pourrait passer comme une petite anecdote sans intérêt a été, comme tout cette année-là une aubaine prometteuse. Cette femme Monique C**** travaillait pour un groupe immobilier et me dit qu'elle avait des biens à louer dans la banlieue nord de Toulouse, à Aucamville précisément. Je lui avais fait part de la raison pour laquelle je me rendais en Midi Pyrénées. Nos échanges fusaient comme une balle sur un terrain de tennis ! Elle me fit part du fait qu'elle pouvait attendre Daniel au péage pour l'amener me rejoindre au siège du Crédit Lyonnais, et nous invitait dans la foulée au club privé de rugby.

J'étais exaltée !

J'appelai Daniel pour lui faire part de ce programme, et même s'il était quelque peu perplexe, je ne lui laissai pas le temps de vraiment comprendre ce qui se passait. Je le savais, j'étais portée, confiante à un degré tel que mes amis me disaient qu'à ce stade de « baraka », il me fallait au moins jouer au loto !!

Ainsi le lendemain, jour de mon entretien, Daniel devait retrouver Monique C**** au péage, je lui avais déjà donné le numéro d'immatriculation de la voiture pour qu'ils puissent se reconnaître et nous allions nous rejoindre à Compans Caffarelli où se trouvait le siège du Crédit Lyonnais.

J'y ai été reçue par le Responsable de la région Midi-Pyrénées et le RH qui m'avait contactée. Une fois passées les présentations et autres expressions de mon parcours et de mes motivations, le clou de l'entretien a été cette proposition :

« Nous vous proposons de prendre la Direction d'une agence qui ouvrira ses portes le 17 septembre 2002. Notre collaborateur pressenti a choisi de démissionner et nous recherchons une personne opérationnelle, expérimentée et confirmée. Vous êtes la personne idoine. Cette agence se situe à Aucamville ».

Incroyable !! Quelques heures auparavant, je ne connaissais même pas l'existence de cette ville dans laquelle à présent, je pouvais envisager ET d'y travailler ET d'y vivre.

J'ai donc rejoint Daniel et Monique et nous sommes partis au Club house de rugby. Je leur fis part de ma certitude profonde quant à une réponse positive qui ne tarda pas à arriver.

Je commençai donc le 1er juillet 2002, et comme j'avais très sérieusement revu à la hausse mes prétentions salariales, c'est avec un salaire augmenté de 40 % que je pris mes nouvelles fonctions.

À présent, restait à trouver notre lieu de vie, il n'y avait pas un instant à perdre. Monique, qui a été vraiment très proche de nous tout ce temps-là m'annonça que le logement d'Aucamville n'était plus disponible, mais qu'elle avait des maisons à proposer sur la ville de Castelginest, en banlieue nord, à 30 minutes de Toulouse.

Banco ! Nous sommes tombés sous le charme : la villa était jolie, toutes les commodités étaient à proximité, y compris l'école dans laquelle Théo allait faire son entrée en CP.

Tout allait vite et se déroulait sans encombre sauf, peut-être une petite ombre au tableau qui est passée, somme toute aussi vite qu'un nuage soufflé par le vent d'Autan.

Prendre un logement nécessitait quelques formalités d'usage à commencer par les critères d'éligibilité, auxquels nous ne répondions évidemment pas. Je ne pouvais produire aucun document attestant de mon recrutement et le congé parental de Daniel ne nous y aidait certes pas. Je finis par obtenir l'attestation concernant mon embauche mais il nous fallait tout de même une caution.

Mes parent ayant refusé de nous l'accorder (décision qu'il m'aura fallu des années pour la « digérer »), ce sont nos amis Krikri et Nono qui nous ont proposé d'assumer cette charge. Monique elle-même a su expliquer au gestionnaire du dossier qu'en cas de problème, c'est ELLE qui se porterait garant !!

Plus besoin de caution, le dossier a pu se finaliser.

Avant de regagner la région parisienne, nous sommes donc allés visiter la maison encore occupée par ses locataires. Dans un quartier pavillonnaire, notre nouveau nid arborait 110 m^2 habitables, 300 m^2 de jardin, une grande cuisine ouverte sur le séjour, une chambre au rez-de-chaussée, une mezzanine proposant deux chambres et une salle de bains… et tout cela pour un loyer de 615,00 € ! La maison devait être libérée au 1er juillet, tout était absolument parfait !

Il était donc temps pour nous d'aller annoncer les nouvelles à nos familles et tous nos proches. C'était magique, je n'avais de cesse de leur dire combien nous allions être heureux dans ce cadre de vie idyllique, et c'est transportée par cette exaltation que j'ai envoyé ma lettre de démission qui, autant le dire, a énormément surpris mon employeur !!

Daniel allait quant à lui, obtenir aisément son congé parental.

Daniel, juste avant son départ de la société

OUI, nous allions être heureux, loin, très loin de tout ce qui me pesait lourdement dans le coeur et dans le corps au point d'en bousculer toutes mes circulations d'énergie.

Une chose cependant à laquelle je n'avais pas pensé, à moins que je n'aie pas voulu y songer pour ne pas me freiner, c'était mes amis. Je n'avais jamais été « seule » à faire les choses, et cette vie amicale autant que sociale allait de fait disparaître de mon quotidien: bientôt, plus de samedi soir chez les uns et les autres, plus de sport partagé avec eux au Parc de Sceaux. Toutes leurs belles énergies dont je me nourrissais pour vivre et avancer, allaient bel et bien rester en région parisienne et si je ne l'avais pas conscientisé, eux ont eu « peur » pour moi.

Pour l'heure, j'en étais seulement à savourer les « bonnes choses » que la vie nous offrait ! Nouveau souffle à ma carrière, lieu de vie charmant, la vente de l'appartement qui avait mis fin à nos crédits, plus qu'un loyer dérisoire à assumer : la vie était belle !!

Il nous fallait le célébrer.

J'ai dit au revoir non sans émotions à tous mes amis, toute ma famille…

Daniel a eu un départ à la hauteur de son succès, se voyant offrir par toutes ses « fans » des cadeaux à l'image de la nouvelle vie qui l'attendait, celle d'un père au foyer : un barbecue, des livres de recettes de cuisine afin qu'il puisse préparer de bons petits plats pour toute la famille pendant que « Maman » serait au travail, et un tablier de cuisinier !

La vie est (différemment) belle

C'est donc en plein été que nous avons emménagé dans notre nouveau nid. Une petite ville de 6000 habitants, le soleil, l'espace... la liberté tout simplement !

Tous les jours et ce pendant deux mois, j'allais en formation sur l'agence de l'Union, à 10 minutes de la maison, ce qui me permettait de rentrer déjeuner tous les midis.

Pour me rendre au travail, je traversais des champs entiers de tournesols*. Il m'arrivait d'être tellement émue de cette légèreté qui m'avait tant manquée que je pouvais en pleurer… de joie ! J'étais euphorique, bouleversée, c'était merveilleux. Je repensais parfois (souvent ?) aux deux heures et demi de transport qui m'écrasaient le coeur et me rongeaient les tripes, les courses folles…

**La légende voudrait que la fleur de tournesol suive la course du soleil. Depuis l'est le matin jusqu'à l'ouest le soir. Pourtant, un observateur attentif s'aperçoit vite que pas un pétale de la plante ne bouge ! Mais alors ? Qu'est-ce qui fait tourner la tête d'Helianthus annuus ? "Sa tige !" répond Stacey Harmer, de l'université de Californie (Etats-Unis). "Et seulement durant la période de développement du tournesol. Une fois que sa fleur s'ouvre, il s'oriente en direction du lever du soleil et s'immobilise définitivement".*

Il me fallait ainsi m'adapter à ce nouveau rythme qui me semblait somme toute plutôt ralenti et certainement aux antipodes de l'énergie folle dans laquelle je me sentais ! Nous nous apprêtions à vivre une vie différemment belle comme s'il était tout aussi évident que, pour les uns et les autres, la vie nous faisait des cadeaux et nous en retirait aussi.

Certains de nos amis nous sont restés fidèles, et d'autres liens se sont définitivement brisés.

Krikri, Nono et leurs enfants, Paul et Manon sont venus nous rendre visite, Sabine et Olivier, Tata Valérie (l'épouse de mon frère cadet) et ses enfants, Diane et Raphaël parents de Clément, le copain de maternelle de Théo, Tonton Bruno (mon frère aîné) et Tata Pat, mes parents qui habitaient à deux heures de chez nous, la famille de Daniel. C'était comme si nous étions en vacances tant la douceur de vivre avait pris place dans nos vies. Toutefois, les choses allaient se compliquer pour moi dès le 17 septembre, jour où je pris mes fonctions.

Je montrais et diffusais un tel « pep » que je me surpassais pour satisfaire au mieux mes clients. J'étais tellement habituée à vivre à mille à l'heure que mon énergie débordante allait effrayer mes collaborateurs ! *« L'exaltation a ses revers... »* me confia Joséphine. Même mon « look » évoquait la « working girl » que j'étais sans faux semblants. Plus j'avais la vie classiquement « dévolue » à un homme, plus je ressemblais à une femme !!

J'avais troqué mes pantalons et talons plats, plus pratiques pour arpenter les escalators et les marches quotidiennes que mon ancien job m'avait imposés, contre des jupes, tailleurs chics et colorés, escarpins à talons... Cette féminité longtemps attendue trouvait peu à peu toutes ses raisons d'être.

Daniel lui, s'était très vite acclimaté au rythme toulousain comme à celui de sa nouvelle vie de Papa à la maison et Jules, encore tout petit, n'avait pas d'autres souvenirs que ceux que nous étions en train de lui « fabriquer ».

Pour Théo ça a été plus dur. La rentrée scolaire en CP ne s'est pas faite sans difficulté. Conscient qu'il n'avait plus ses camarades, il dira pendant plusieurs mois vouloir retrouver *« sa maison d'avant, celle où le parquet glisse »* quand il s'y jetait à genoux.

Oui, Théo comme moi, chacun de nous avait ses regrets…

Le bonheur aussi avait ses revers.

Je m'accrochais à l'idée que je n'avais pas fait tous ces choix sans raison : c'était pour EUX que j'avais pris la décision de vivre ailleurs. C'était pour leur offrir une belle vie que j'avais « franchi le Rubicon », dans le sens le plus fort, celui d'avoir fait un *« pas décisif et irréversible, celui d'avoir pris une décision et en assumer toutes les conséquences* »*.*

Néanmoins, officiellement embauchée en CDI le 1er octobre 2002, il me fallait en accepter toutes les configurations. Je ne pouvais pas démériter (ce qui du reste n'était pas dans mes intentions), mais je devais de surcroît être totalement engagée dans mon nouveau rôle dans la famille. Il m'est arrivé d'avoir des regrets, il m'est arrivé d'être envieuse et jalouse de la douce vie que j'avais offerte à Daniel en considérant que tout reposait alors sur mes épaules. Bien sûr nous filions le parfait amour, mais cela n'était pas toujours suffisant pour que je ne me sente pas, parfois, effrayée par toute la charge qui m'incombait. Je n'avais pas fait un choix égoïste et je ne pouvais plus reculer….

Mais souffler bon sang…souffler…penser à moi…même si je n'en avais pas l'expérience, pas plus que le désir profond – ce qui viendra des années plus tard – il n'en demeurait pas moins que cela pouvait parfois me tenter. J'étais prisonnière de ces états de Perfection que je voulais sans cesse atteindre tant dans ma vie de femme, d'épouse, de mère, de salariée et je me sentais prise dans la surenchère du *« toujours mieux et toujours plus de confort pour ceux que j'aimais ».*

---

* *Les expressions françaises décortiquées*

L'intensité, je commençais à le sentir… avait son prix à payer mais je n'étais bien évidemment pas encore prête à « lâcher prise » ! (comment aurais-je pu du reste...)

Comme un message permanent que la vie m'envoyait, je devais me confronter, affronter, faire face, et un événement en particulier m'en donna, une fois de plus, la « preuve ».

Nous étions le Jeudi 31 octobre 2002 et je devais aller chez un client. J'informai mes collègues de mon départ en leur précisant que j'allais repasser à l'agence avant la fermeture de la pause méridienne. Je suis sortie, saisie d'une étrange sensation d'être observée : c'est en montant dans ma voiture que j'ai vu deux hommes, assis sur le rebord d'un mur fumant une cigarette. De retour de mon rendez-vous plus tôt que je ne le pensais, je vis ces mêmes individus postés devant la bijouterie qui jouxtait l'agence. Je me suis sentie partagée entre l'envie d'écouter mes pressentiments et la nécessité d'aller chez un autre client car j'en avais encore le temps.

Je pris la deuxième option et c'est en revenant à 12h30 que j'ai vu que l'agence, habituellement fermée à cette heure était encore ouverte. Je suis entrée et j'ai de suite repéré un téléphone arraché, jeté dans l'escalier qui menait à mon bureau au premier étage. C'est presque transformée en « robot » que j'ai ouvert toutes les portes pour m'assurer que les braqueurs étaient partis et j'ai trouvé mes collègues, couchés par terre dans mon bureau.

J'imaginais aisément la scène qui les avait conduits à rester face contre terre *« Bougez et nous vous abattrons »* ! Ces corps allongés sur le sol, mutiques… étaient-ils morts ou encore en vie ?

J'ai décidé de leur parler : *« Les malfaiteurs sont partis, l'agence est fermée, vous êtes en sécurité »*.

Ils étaient en vie, mais tout comme moi en état de choc ! Les rapports entre ma collaboratrice Pascale C*** et moi se sont par la suite, tendus : elle ne supportait plus mon bureau, me disant qu'elle avait *« failli y mourir »*, et moi, je ne pouvais plus quitter l'agence.

Ce traumatisme pour nous tous allait être pris en charge par une cellule psychologique. Au psychiatre en charge du soutien, j'ai pu dire que je m'étais sentie comme une *« mère qui avait abandonné ses petits »*.

Oui, une « mère »... Cet épisode m'avait enfin permis de me libérer du poids d'une peur identique que j'avais eue quelques années auparavant. Jamais jusque-là je n'avais eu l'occasion d'en parler.

Portée par la force de la réminiscence... je racontai mon souvenir.

« Nous étions ce soir-là le 31 décembre 1996, j'allais manquer de couches pour Théo et le lendemain tout allait être fermé. Il fallait que j'aille m'en procurer au petit magasin de quartier. Quand je suis arrivée à la caisse j'ai été prise dans une attaque à main armée. Les deux individus étaient cagoulés, l'un avait posté son arme sur la tempe de la caissière, et l'autre sur la mienne. Ils ont réclamé la caisse et ont disparu. Je me suis d'abord cachée, puis ai rasé les murs pour rentrer chez moi. J'ai tout raconté à mon mari et me suis effondrée. J'étais en vie certes, mais c'est comme un automate que je suis allée, comme prévu, à la fête que Laurence et Rémy avaient organisée pour le jour de l'An. Daniel était à mes côtés, mais sincèrement, j'ai vécu seule ce traumatisme car personne n'aura véritablement pris la mesure de ce que je venais de vivre. Je me sentais tellement mal que j'ai dû consulter mon médecin traitant pour qu'il me prescrive un traitement. Ce qu'il a fait mais qui m'a condamnée à devoir cesser d'allaiter Théo. À l'époque, j'étais rousse et j'ai voulu changer de couleur de cheveux, j'avais tellement peur qu'ils me reconnaissent ! Eux étaient cagoulés et ils ne couraient pas ce risque ! Tout visage couvert me crée beaucoup d'angoisse depuis ».

À l'époque, pas de cellule psychologique et c'était donc la première fois, 6 ans après, que je pouvais ENFIN exprimer toute la douleur que j'avais ressentie et OUI, j'y voyais encore un point commun : j'étais « hors de mon foyer » tout comme j'étais « hors de l'agence » quand les attaques avaient eu lieu.

Une différence pourtant, opposait les deux histoires : autant la première fois les malfaiteurs n'avaient pu être retrouvés autant la seconde fois, j'ai pu indiquer précisément à la police où étaient postés les braqueurs, une enquête a été ouverte qui nous a amenées, ma collaboratrice et moi, à aller témoigner, deux ans après, au Tribunal de Montpellier.

Si j'osais, je dirais que *« la mort donne de la dimension à la vie »*. Notre nouvelle vie en région Midi Pyrénées m'était apparue évidente et le détonateur positif avait été le drame des attentats du World Trade Center. Je pourrais ajouter que seul le risque de mort donne du poids à la vie, ces braquages en avaient été des révélateurs.

C'est bien *« Au nom de tous les miens* » et de leurs existences que j'avais fait tous ces choix et ils nous auront TOUS transformés.

**Livre biographique écrit par Martin Gray et Max Gallo, traduit dans un film franco-canado-hongrois du même titre et réalisé par Robert Enrico, sorti en 1983.*

« Tout rêve d'avenir métamorphose
la manière dont on éprouve le présent »

Boris Cyrulnik.

« Sauve-toi, la vie t'appelle » 2012

CHAPITRE 6
METAMORPHOSIS*

Certainement à l'instar de beaucoup de personnes, la vie que Daniel et moi nous créions années après années nous transformait, or je me sentais tellement éminemment convaincue que les effets de qui nous étions l'un pour l'autre avaient dépassé toute simple idée de la transformation qu'il me fallait célébrer cette métamorphose. Elle a été, pour lui comme pour moi, inattendue, exaltante, et toujours espérée.

J'ai, je crois, besoin de l'écrire en *« Nous, [Moi] et Toi** »* en référence à une partie d'une chanson de Serge Gainsbourg « Elisa », qui évoque aussi la différence d'âge qui nous a été indifférente, quitte à bousculer un peu la chronologie de notre Histoire, tout d'abord en inversant les sujets mais en gardant pour mes derniers chapitres tout ce qui parle de « Moi ».

---

* *Métamorphosis : désigne notamment la fête de la Transfiguration célébrée le 6 août de chaque année.*
** *«...Rien que Toi, Moi, Nous / Tes vingt ans, mes quarante / Si tu crois que cela/ Me tourmente / Ah non vraiment...»*

NOUS...

Ce « nous » qui existait déjà tant pour Daniel que pour moi allait prendre cette année 1996 une autre dimension.

De ce NOUS allait naître NOTRE premier enfant. Daniel connaissait déjà la paternité, par trois fois, mais pour moi, c'était une première ! Ce désir avait tout de même mis quelques années à émerger dans notre vie.

Être parents

Entre le Daniel coureur de jupons que j'avais connu et celui qu'il continuait de devenir par le fait même de notre histoire d'amour, la différence se marquait au même rythme que les choses de notre vie se stabilisaient.

Jamais je n'avais envisagé la présence d'un enfant entre nous, fût-il le nôtre ! La précarité de notre vie ajoutée à notre amour fusionnel ne m'avaient certainement pas assurée de l'avenir possible d'un enfant tant entre nous qu'avec nous. De surcroît, le fait d'avoir vu ma mère Assistante Maternelle jusqu'à ses 65 ans m'avait largement vaccinée de tout désir de maternité. Je n'avais que trop vécu la présence d'enfants dans la famille pour être rassurée à l'idée d'en accueillir un dans mon propre foyer.

Je ne saurais dire combien de fois j'ai réalisé de tests de grossesse avec, à chaque fois, la peur au ventre quant aux résultats ; je ne voulais pas d'enfant car notre vie ne nous le permettait pas et j'aurais tellement mal vécu un avortement qu'il valait mieux, pour tout le monde, que cela n'arrive pas.

C'est en septembre 1995 que la réalité m'a amenée à d'autres constats comme à d'autres désirs. Après 7 années de galère, l'emploi de Daniel était devenu stable, ses dettes étaient réglées, je venais d'obtenir mon brevet de banque, Gwenaëlle, la fille cadette de Daniel était autonome… non seulement rien ne nous retenait mais tout nous y invitait ! Devenir Maman me taraudait autant que ma belle-soeur et d'autres amies du même âge que moi. Daniel, bien que déjà père de 3 enfants s'était senti ravi de ma décision et me dit se *« jurer être un Papa présent, contrairement à ce qu'il avait connu jusqu'à lors »*.

C'était le bonheur parfait : cette décision était devenue oeuvre commune de vouloir fonder NOTRE propre famille. Il nous fallait cependant envisager un événement marquant à jamais cette décision qui allait nous faire passer d'un état de « couple libre » à celui de « couple avec enfant ». Non que la présence d'un enfant coupe de la liberté dans la vie, mais de toute évidence, allait changer notre manière de vivre !

Je me suis rapprochée d'un couple d'amis, Francine et Hervé, et nous sommes partis tous les 4 aux Antilles sur l'île de la Martinique pour célébrer ce passage : notre départ était prévu pour Février 1996 et j'étais déjà enceinte de deux mois.

Cette photo prise aux Antilles allait être, sans qu'évidemment je le sache à cette époque, un dessin de Théo représentant notre famille avant l'arrivée de son frère.
Le plus grand palmier... c'était LUI !

Depuis notre voyage en Grèce, Daniel et moi n'avions connu que des vacances très agréables certes, mais à Bordeaux chez Krikri et Nono qui nous offraient trois fois par an de passer des semaines avec eux dans leur belle maison avec piscine, près de l'océan. Nous passions aussi nos vacances chez mes parents à Turenne, en week-end à Trouville, ou en escapade en voiture en Bretagne pendant 8 jours inoubliables à la Toussaint à dormir dans la voiture car nous n'avions pas un sou pour nous payer un hôtel !

Ces vacances-là promettaient d'être bien différentes des autres, à commencer par leur symbolisme !

Ma grossesse s'est divinement bien passée si ce n'était une ombre au tableau qui allait s'installer dans notre vie : je ne pouvais supporter l'idée de prendre des kilos et ce qui pourrait ressembler à une simple coquetterie allait devenir une véritable phobie qui a fini par porter un nom : l'anorexie.

Depuis que je connaissais Daniel, j'avais beaucoup maigri et portais à ma ligne (ou devrais-je plutôt dire mon schéma corporel !) une attention soutenue de tous les instants.

Pas question pour moi de me laisser aller !

L'état de grossesse bouleversait ainsi considérablement cette exigence et c'est suite à une visite chez ma gynécologue Maryvonne qui me dit que *« tout était parfait »* que j'ai, en rentrant chez nous, lâché ce qui me pesait :

- Quelles sont les nouvelles ? Comment s'est passé le rendez-vous ?
- J'ai pris deux kilos ! lui ai-je répondu en fondant en larmes !!

J'allais en prendre 3 de plus, puis d'autres encore jusqu'à arriver à 17 kilos en 9 mois de grossesse. J'avais beau faire attention, je ne pouvais arrêter la course (folle) de la balance. C'est d'ailleurs, une petite « Balance » que nous allions accueillir, la naissance du bébé étant prévue pour le mois d'octobre. Nous avons aménagé notre appartement pour accueillir notre enfant dont nous avions su, officiellement qu'il s'agissait d'un petit mec ! Le choix du prénom devenait plus précis or il ne s'est pas fait sans mal. Ça a été Théo parce que le deuxième prénom de Daniel était Théophile…

Avec le recul des années, et tout ce qui m'aura passionnée, astrologie, graphologie, morphopsychologie, hypnose, lithothérapie... je me dis que nous aurions pu (ou peut-être même dû ?) consulter le dictionnaire des prénoms. Je suis convaincue en cela que tout comme l'hérédité génétique, la signification du prénom participe de la structure de la personnalité.

La date de l'accouchement arrivait à grands pas et ma valise était prête. J'avais pris le temps, pendant mon congé maternité, de penser à comment mon bébé serait et ce qu'il était important que je prévoie. S'il était blond, le pyjama allait être bleu marine, s'il était brun, ce serait jaune pâle. Je n'avais rien laissé ni au hasard ni de côté, pas même l'idée d'offrir des fleurs à la sage-femme qui allait m'accoucher !

J'avais suivi les cours de préparation à l'accouchement et j'étais très attentive à tout signe avant-coureur : la fissure de la poche des eaux et il fallait partir illico ! Ma belle-soeur, mon amie Francine et moi étions sur les starting-blocks.

Cet après-midi-là, assoupie sur le canapé, je me suis réveillée en sursaut : LE signe évident venait de se déclencher : il fallait partir !! J'ai appelé mon amie Francine car Daniel travaillait et lorsque le gynécologue m'a auscultée, il m'a indiqué que c'était une fausse alerte.

Jeune et novice dans l'état de future Maman, je m'étais trompée de signe… le poids du bébé pouvait peser lourdement et mettre à rude épreuve la vessie, ce que j'avais pris pour une fissure de la poche des eaux était en fait une fuite urinaire.

Evidemment je me suis sentie honteuse avant de savoir que c'est ce qui pouvait arriver à toute femme et que la confusion était possible autant que naturelle (de nombreux sites internet l'expliquent aujourd'hui très simplement : un *« éternuement, une toux et même un fou-rire peuvent déclencher »* ces *« fuites »*).

Daniel et Francine ont préféré en rire et ma foi, je les comprends.

Toujours est-il que le 14 octobre 1996 n'a pas été une deuxième fausse alerte. Théo arrivait… vraiment.

Valérie, ma belle-soeur m'a accompagnée à la maternité, valise à la main. L'ironie du sort avait fait que Daniel s'était trouvé à la maternité le 11 octobre, pour rendre visite à sa fille qui venait de mettre au monde un bébé.

Le voilà Papy et Papa à trois jours d'intervalle ! Je ne le sais pas précisément, mais je gage que ça a dû être un peu compliqué pour lui.

Tardant à arriver, c'est Valérie qui est venue avec moi en salle d'accouchement. Elle entrait et sortait de la salle pour guetter l'arrivée du Papa, ce qui n'avait pas manqué d'irriter fortement la sage-femme qui finit par devenir très désagréable – *et moi qui avais rêvé lui offrir des fleurs…*

Daniel a fini par arriver à 14h00 et l'agacement de la sage-femme face à un « incident » ne permettant pas l'expulsion du bébé, dû à mon alimentation pauvre et déséquilibrée s'est doublé de la nécessité d'une double péridurale me permettant de « pousser » pour donner naissance à Théo, petit bonhomme de 3,560 kg et « grand » de 52 centimètres, précisément à 16h50 ce 14 octobre 1996 !

Il était né... le divin enfant, *« My Baby »* !! Je l'ai allaité en étant « aidée » par une amie pour que tout se passe au mieux.

Je ne peux pas dire que je n'avais pas gardé de mauvais souvenirs de cette sage-femme dont le Directeur pourtant, avait garanti par la suite les *« importantes compétences »* alors que, sincèrement, il m'aurait fallu une césarienne !

Dès le mois de Septembre 2000, j'annonçai à Daniel mon désir d'avoir un autre enfant et que sûrement, notre Baby Roi devait et/ou méritait d'avoir un petit frère ou une petite soeur.

Il approchait les 50 ans, déjà père de 4 enfants, je flirtais avec mes 34 ans : il émit spontanément un véto et je ne « lâchai pas l'affaire » pour autant.

« Le Festival de Dan » que j'ai mis 9 mois à préparer pour ses 50 ans!

C'est à force de négociations (si j'ose dire !) que Daniel a accepté que nous ayons, lui et moi, un deuxième enfant, certainement le dernier au vu de ce qu'il m'avait dit, mais dont j'étais heureuse aussi parce que Théo n'allait plus être seul.

J'allais devenir mère pour une seconde fois alors que Daniel allait devenir père pour la cinquième fois !

L'accouchement de notre deuxième enfant n'allait, je l'avais décidé, pas se passer de la même manière : terrorisée à l'idée de « tomber sur la même sage-femme », la décision de programmer l'accouchement a été prise.

C'est au fond cela, apprendre de la vie à défaut d'apprendre de spécialistes bienveillants ou des aînées… J'avais 35 ans quand je suis devenue Maman pour la seconde fois et ce sont mes propres « péripéties » qui m'ont guidée pour savoir mettre au monde mon autre petit garçon.

Jules est arrivé dans notre famille et notre foyer le 27 août 2001.

C'est notre Théo qui a annoncé la nouvelle

MOI ?

Je l'aurai écrit dans plusieurs passages de ce livre car il était évident que ma vie, sous l'impulsion de Daniel m'avait transformée inévitablement et profondément !

Aussi préférerais-je, à cet endroit, poursuivre l'hommage que je voulais lui rendre.

Pour autant, il était devenu tangible tout au long de ces années, que mes différents « looks », les différentes formes de mon corps ont été les signes visibles de ce qu'il m'aura permis : l'éclosion de ma féminité, si cachée quand j'étais enfant.

Nul besoin de commentaires, les images peuvent à elles seules raconter l'histoire…

De la fillette…

Au garçon manqué… au Club de patinage artistique des Français Volants

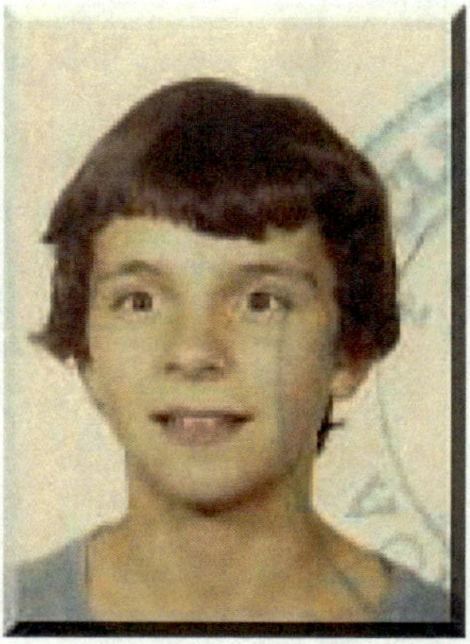

La mer de sable à Ermenonville.
J'ai 24 ans.

1993, je commence à devenir femme !

Grâce à lui évidemment...

Je commence même à ne plus m'asseoir comme un garçon.

Et même à apprendre à jouer avec la chaîne Chutt… !

J'apprends aussi à m'aimer vraiment telle que je suis.

Même si je continue de changer mon look !
Cette fois, ce sera « rousse »

Et que j'exerce sur mon corps le pouvoir de le sculpter comme je le veux…

Et être Maman…

Pour continuer à jouer et savourer la vie

Avec mon Théo

Et mon petit Jules

TOI...

Je finis ce chapitre par toi Daniel, car ce livre t'est dédié, et pour la circonstance, je m'adresserai directement à toi.

Je ne saurais que me remémorer la toute première fois où ton potentiel de transformation s'est manifesté : le jour où tu es venu rencontrer mon père. Tu avais littéralement changé ton look pour « faire bonne impression » et ainsi éviter que ta réputation ne nous joue de sales tours, pouvoir séduire mes parents afin qu'ils me laissent aller avec toi. Tu avais su troquer tes Santiags contre des chaussures plus adaptées à une autre image, ton jean's moulant contre un pantalon de circonstance, changer de coiffure en laissant dans un salon tes cheveux longs et bouclés, te séparer de ton bijou à l'oreille pour n'effrayer personne.

« Vois Laurence, vois tout ce que cet homme te promet déjà de devenir... Je sais que tu l'aimes et si c'est avec ton Amour qu'il va se transformer, c'est avec le sien que tu vas éclore ».

Elle ne croyait pas si bien dire, ma soeur imaginaire...

Pas tout à fait Mike Brant... quoi que...

Si mon père t'avait connu tel que les photos qui suivent te présentent, parce qu'elles te ressemblent, passant outre les modes de l'époque... je ne suis pas certaine qu'il t'aurait accordé une once de confiance...

Parce que profondément guitariste Rocker !!

Et depuis petit du reste !!
Plutôt Elvis que Mike Brant en fait

L'homme que tu es devenu avait déjà sa beauté intérieure qui a pu éclore d'année en année…Tu étais BEAU.

Ma Joséphine m'avait fait tant de promesses que j'avais crues nous concernant, les unes après les autres, que même lorsque tu nous as quittés pour rejoindre un autre Monde, tu n'as jamais failli à tout ce que je t'avais cru capable de devenir.

Tu as su tout au long de notre vie trouver les ressources pour être à mes côtés et faire des choix que personne, je crois, de ton entourage ne t'aurait pensé capable de faire.

Homme et Père au foyer

Quand nous nous sommes installés à Toulouse en 2002, nos rôles étaient posés : je travaillais et toi, tu restais à la maison pour t'occuper de notre nouvel intérieur et de nos enfants. C'est comme si nous faisions exploser tous les stéréotypes ! Si je forçais le trait, je dirais que j'avais une vie « d'homme actif » et toi, celle de « femme au foyer ».

Quand je rentrais à la maison, je n'avais plus qu'à me mettre les pieds sous la table : les enfants étaient douchés, le ménage était fait, le repassage aussi, les carreaux briqués hebdomadairement. Mes amies et ma famille me disaient tous combien ce cadre de vie était « super » et enviable !! TU avais pris ton rôle tellement au sérieux que je n'avais plus rien à faire.

Il n'était tout de même pas si sûr que cela ait été totalement confortable pour moi : je ne donnais même plus le bain aux enfants, Daniel prétextant que la manière qu'il avait de faire les choses était mieux que la mienne.

Nos façons d'être avec nos enfants auront aussi signé nos différences de perception… et même si j'ai pu mal vivre certains événements, je me poserai toujours la question de savoir qui de nous deux avait raison.

TU étais devenu ton propre rôle à la maison et comme je n'avais plus rien d'autre à faire… la seule chose qui m'incombait était de préparer le repas. Heureusement pour nous tous, que les 10 minutes de transport qui me séparaient de mon nouveau lieu de travail m'offraient la possibilité de m'y dédier. Ce n'était pas chose aisée pour moi, considérant mon rapport à la nourriture quelque peu singulier – et c'est un euphémisme ! – mais au bout du compte, « un mal pour un bien » j'ai « épousé » mon rôle de cuisinière tant pour masquer ma difficulté que pour investir pleinement la tâche que notre vie m'assignait.

Dans ce contexte, quand je m'occupais des enfants, il m'arrivait de ne pas leur faire faire la sieste tant j'avais besoin de profiter de ce temps avec eux ! Il m'arrivait aussi fréquemment avec Théo de passer du temps à expliquer, argumenter, négocier… Cela était aussi certainement dû à ce que j'avais choisi de faire de différent en tant que parent, vis-à-vis de l'éducation que j'avais reçue.

TOI, tu prenais le chemin inverse : ne voulant pas de contraintes, tu imposais tes idées et la discussion n'était pas envisageable !!

Encore une fois, personne ne saura dire qui de nous deux avait raison ou tort. Il y avait dans ce TOI ce qui te caractérisait aussi, et qui s'est aussi « assoupli » par l'effet de ta maladie : solitaire, indépendant et n'acceptant de recevoir de conseil de personne, TU agissais comme si tu détenais la vérité.

Tout au long de notre vie commune, j'aurai fait en sorte que TU acceptes et admettes, tranquillement, d'autres possibilités.... Joséphine me l'avait dit et je n'en avais jamais douté : TU pouvais changer ton fusil d'épaule, comme on dit, TU pouvais changer ton point de vue.

Je SAIS que tu m'as entendue pour certaines « choses ».

Pour l'heure, tout ce qui se passait dans notre vie et notre foyer était à l'image de ce qui était exacerbé chez TOI : tu aimais tellement l'ordre que TU en es devenu maniaque !! Je me souviens… Les produits dans la salle de bains devaient être rangés par couleur, le linge étendu sans épingle pour éviter les marques au repassage, le lave-vaisselle était devenu TON affaire, les portes devaient être fermées, les vêtements ne devaient plus traîner… Comme auraient dit des Surréalistes et pour les plagier, TU aurais pu me dire : « Notre monde sera parfait ou ne sera pas*»

**« La beauté sera CONVULSIVE ou ne sera pas » André Breton. « Nadja » publié en 1937, dernier récit d'une trilogie intitulée « L'Amour fou »*

Je pouvais rester dans ton sillon tant l'idée de perfection me taraudait aussi (et continue du reste !) mais je peux dire aussi qu'il ne m'a pas toujours été facile de te suivre tant tes choix frôlaient parfois l'obsession !

Homme coureur et sportif !

De coureur de jupons (je n'aurais eu de cesse de TE présenter sous cet aspect de ta manière de vivre), TU t'es mis au sport (autre que le fameux « sport en chambre » s'entend). C'était juste incroyable tant TU n'y avais accordé que peu d'intérêt pour ta propre santé !

À vélo, bouteille d'eau à la main

Et ambidextre la raquette à la main

C'est pendant notre vie à Vitry qu'avec mes amis, tu t'es mis à la course à pied tous les dimanches pendant presque 10 ans au Parc de Sceaux, et en solitaire en semaine, TU as même chaussé des rollers !

Mieux encore, après avoir passé 31 années à fumer, de l'âge de 14 ans à 45 ans.... TU y as définitivement et radicalement renoncé avant la naissance de Théo, comme ça, sans autre forme de procès. Tu as jeté ton paquet de cigarettes pour ne plus jamais y revenir. Possiblement t'étais-tu mis à courir après d'autres choses dans la vie.

Au grand air, appareil photo à la main pour d'autres images de la vie sans clichés

L'eau était presque devenue ton élément

J'en veux aussi pour « preuve » le fait que TU te sois décidé à apprendre à nager, pendant ma grossesse alors que TU étais aquaphobe ! Je l'avais découvert lors d'un séjour en Grèce, par 40 degrés de température, TU n'avais pas osé mettre un pied dans l'eau.

Mais pas sans compensation !

Les enfants sont des élèves... comme toi !

Théo, notre premier enfant, et pour toi le 4ème après les 3 de ta première union, a résonné en TOI comme un challenge : il ne t'était pas envisageable de passer à côté des bons moments dédiés à ton nouvel enfant, comme ça avait été le cas pour les trois autres. TA vie avec moi t'avait transfiguré (tout comme elle m'a changée moi aussi) et tu t'approchais de « choses » qui t'étaient radicalement étrangères !

Le ski… c'est en 1990 que TU as chaussé pour la première fois de ta vie ces « bâtons de balade » sur la neige en acceptant, de fait, de prendre des cours avec de jeunes enfants débutants !

La montagne justement…. Celle qui t'aura fait découvrir ta peur du vide. Même à 40 ans, il t'était devenu possible de déceler des parts inconnues de toi-même !!

TU es monté dans un téléphérique pour atteindre la cime de la montagne et c'est finalement la panique qui t'a saisi au point de te rendre hystérique à en hurler, t'agiter et jeter tes skis en arrivant en haut de la station !
Grâce à… je ne sais qui ou quoi… ta persévérance sûrement, TU n'as pas rejeté l'activité sportive du ski pour autant, sauf que cet épisode m'aura fait privilégier les stations avec tire-fesses.

À vouloir être un père à la hauteur, TU t'étais confronté à une peur nouvelle, liée aux cimes justement, mais cela ne t'avait en rien découragé.

À ce jour, je peux dire que j'en suis heureuse… C'est grâce à la neige de la station des Angles dans les Pyrénées, à l'occasion d'un week-end avec nos amis, que nous avons pu savoir comment tu allais…. Quel était ton état de santé… Grâce à elle et l'épisode où tu t'es douloureusement abîmé le genou que nous avons su de quoi tu souffrais.

Je ne saurais que rendre grâce à ta « maniaquerie » qui t'avait fait taper ta chaussure enneigée sur le pneu de la voiture pour ne plus en avoir sous le pied. C'est elle qui t'a permis de t'insurger contre le fait que tu ne pouvais plus faire de sport, c'est aussi elle qui m'a permis de t'emmener consulter un médecin.

De l'homme solitaire à l' « Artiste » adoré !

Une autre forme de transformation qui T'a caractérisé est venue de tout ce que TU as pu faire pour que nos lieux de vie soient beaux. Depuis que nous avions quitté la région parisienne, TU t'étais ouvert aux autres ; toi qui disais pouvoir vivre totalement seul, qui n'avais pas d'amis au point d'être jaloux de ceux que j'avais et qui pouvaient potentiellement représenter un « danger »… (la jalousie te tenait au point de te tirailler !), TU as su ouvrir ton coeur.

Robert, un de nos voisins est devenu ton père spirituel et il t'a tout appris du bricolage, maçonnerie, menuiserie, il est devenu le Mentor dont possiblement tu avais besoin.

Éric, que je serais tentée de qualifier de « ton frère jumeau » qui à ton image, brûlait la vie par les deux bouts, ne connaissant, comme toi, aucune limite*.

**Il est presque « amusant » de noter aussi que Nathalie son épouse, et moi sommes devenues très liées par une autre forme de ressemblance : l'amour fusionnel qu'elle et moi vivions avec nos conjoints respectifs nous a fait accepter beaucoup d'excès et nous a rapprochées.*

Et comme une valse de prénoms de personnes dont TU te seras rapproché : Rémy et Isabelle, Valérie, Isabelle, Cécile, Sabine, Grégoire, Jean-Philippe, Jean-Claude, Philippe (un pote de guitare), Bib ton professeur de guitare, et ton groupe avec Joël, Sophie, Huong… (et d'autres). Je sens bien aussi qu'à l'instant présent où j'écris ces lignes, je leur rends aussi hommage pour la préciosité de leurs présences dans TA vie.

TOI qui, au moment de notre rencontre, était bien en peine de sourire au point d'apparaître comme rustre, fermé aux autres, un véritable ours inabordable… tu étais devenu tout le contraire !!

Quel chemin parcouru… de grand artiste au grand coeur solitaire, TU as terminé ta vie en artiste reconnu, entouré de tous tes amis et de toutes tes « groupies ». Le jour de tes obsèques en aura été témoin : le nombre de personnes qui avaient tenu à être là pour TOI était juste inouï.

Le « mal a dit » que tu allais, du fait de la maladie, devenir un homme plus ouvert aux autres, plus souple, moins sexuel tant les traitements hormonaux avaient pu te couper de toute libido.

Mais il n'est pas encore tout à fait l'heure d'en parler.

« Vivre est comme aimer :
La raison est contre, l'instinct est pour »

Samuel Butler

« Ainsi va toute chair » 1903

TROISIÈME PARTIE
INSTINCTS DE PROTECTION

Cette dimension est née en moi grâce à Daniel et à la vie que nous avons eue. Les aléas, les péripéties, les maladies et les décès font que j'ai instinctivement développé un sens de la protection.

Je sais aussi que bien souvent Joséphine est venue me murmurer à l'oreille des idées et des ressources qui ne me seraient pas venues sans elle.

Cela m'a permis bien des fois de prendre la bonne décision, que dis-je la bonne… la SEULE qui s'imposait alors que rien a priori ne laissait présager une difficulté.

Comme une danse, notre vie s'est égrenée telle une valse d'intuitions justes et d'annonces portant en leur sein tant la probabilité d'une mort que la certitude de la vie.

« Un homme est bien fort quand il s'avoue sa faiblesse »

Honoré de Balzac.

« La peau de chagrin » 1831

CHAPITRE 7
DANIEL OU LE COLOSSE AUX PIEDS D'ARGILE

Du genou…

Daniel avait toujours été persuadé qu'il mourrait aussi jeune que son père, lequel était parti en 1975 à l'âge de 47 ans. Certes, il avait joui de tous les plaisirs de la chère autant que de la chair, s'était adonné à tous les excès pendant une période de sa vie, mais en 2003, il avait déjà 53 ans et j'aurais pu me dire que le « terme » que Daniel avait posé était révolu, qu'il était donc « sauvé » de cette malédiction qu'il disait prédictive !

Je sais, là encore, que c'est la bénédiction de ma soeur protectrice, de mon ange Joséphine qui m'a fait poser LA JUSTE question. Nous vivions près de Toulouse dans la première maison que nous avions fait construire. Nos amis partaient en vacances faire du ski aux Angles, station des Pyrénées Orientales. Quelle aubaine que de vivre ensemble et avec eux un week-end en Paradis Blanc. Nous avons accepté leur proposition et nous sommes partis.

À quelques kilomètres de la station, il nous a été demandé d'habiller de chaînes nos pneus de voiture : éxécution ! Tout le petit monde est sorti de la voiture pour effectuer la manoeuvre.

Daniel sortit de la voiture et encombré par la neige collée sous ses chaussures, tapa son pied sur le pneu, ce qui lui déclencha une intense douleur. Résultat : il s'était déboité le genou !

Daniel ne le savait pas encore, pas plus que moi du reste, mais ce mouvement allait lui sauver provisoirement la vie.

De retour à la maison, Daniel me confia que cette douleur était présente en permanence et qu'il en souffrait. Lui qui avait toujours refusé de consulter quelque médecin que ce fut depuis le décès de son papa, fuyant le monde médical et a fortiori les centres hospitaliers dont les « odeurs » lui avaient même rendu compliquée sa venue dans le service de la maternité après mes accouchements… Lui, qui n'avait pas vu âme de médecin sauf sous la pression que je lui avais mise quelques années auparavant pour un bilan… Lui qui ne supportait pas même l'idée d'avoir à supporter une visite médicale.

Lui… et moi, sommes allés consulter un médecin près d'Aucamville, commune où se situait l'agence dans laquelle je travaillais. Daniel qui s'était remis au sport ne pouvait plus rien faire à cause de son genou et devenait de plus en plus irascible : l'heure avait sonné d'aller consulter, tant pour lui que pour les enfants, et moi !

J'ai dû le trainer, mais il est venu… MERCI !!

…Au « Je/Nous »

J'ai pris sur le rendez-vous la main autant que la parole. J'ai exposé au médecin la raison de notre visite et après que les examens ont été faits… j'ai poursuivi :

- Docteur, que pensez-vous d'un dépistage du cancer de la prostate ?
- C'est la première fois que nous nous voyons… (il a semblé interloqué par mon propos)... Pourquoi me posez-vous cette question ?
- Sincèrement… ? Je ne sais pas. Je vous la pose, c'est tout.

- En général, c'est aux alentours de 55 ans et plus que l'on se pose cette question, et votre mari est encore jeune, mais puisque vous le faites, nous allons nous en préoccuper.

Quelques jours plus tard, Daniel fera une prise de sang et dix jours après, nous recevrons un message sur le répondeur du téléphone : *« Bonjour, c'est le Docteur C*****, merci de me contacter dès la réception de ce message ».*

La nouvelle fut sans appel : les résultats révélaient un cancer de la prostate à un stade très avancé, diagnostic confirmé par une biopsie quelques jours plus tard. Pendant ce mois de février, j'avais projeté de prendre rendez-vous avec un praticien en chirurgie plastique pour des soucis me concernant. Autant dire que je me suis davantage préoccupée de l'état de santé de Daniel que de mes propres encombrements…

« Notre bien et notre mal ne tient qu'à nous »

Michel de Montaigne

« Essais » 1580

CHAPITRE 8
LAURENCE OU COMMENT RESTER FEMME

L'annonce

Ce rendez-vous auprès d'un chirurgien plasticien, je ne l'ai finalement pris qu'en 2007, quand nous vivions à Bergerac. À la Toussaint, une de mes amies s'était fait opérer par un professionnel de l'esthétique, et comme non seulement je continuais de me sentir mal dans ma peau et dans mon corps, mais également la vision du fabuleux travail qu'avait réalisé le chirurgien sur le corps de mon amie me faisait désirer encore plus une intervention sur mon propre corps, je décidai de prendre (enfin) rendez-vous.

L'anorexie avait laissé ses empreintes dans ma vision de mon propre corps et je détestais encore l'image que j'avais de moi*.

**Je ne sais comment ma mère n'a pas pu s'en apercevoir. Elle qui s'assurait de la santé de mes enfants en les pesant à leur arrivée ET à leur départ - dans un réflexe de nourrice - je ne comprenais pas comment elle ne s'était pas rendu compte de mon état. Avec le recul, je sais que lorsqu'une personne ne PEUT PAS envisager une option pour l'un des siens, RIEN ne lui permet de le subodorer et je n'en veux nullement à ma mère de n'avoir pas vu ce que possiblement, je cachais bien.*

Je me voyais grosse au point de ressembler à un morceau de saindoux**. J'avais 41 ans, et il était grand temps que je franchisse une étape afin d'être mieux dans mon corps pour enfin lâcher prise sur un sujet qui me hantait depuis si longtemps… Je n'avais beau peser que 53 kg pour 1,58m, je me voyais difforme. Le rendez-vous se tint sur Arpajon en région parisienne, où nous sommes partis en famille pour les vacances d'hiver.

J'expliquai au chirurgien que je ne supportais plus le volume de mes cuisses, qu'elles me créaient un complexe infernal parce que je les trouvais grosses autant que cellulitеuses. J'affirmai au chirurgien que j'étais là pour une liposuccion. J'ai souvenir qu'il m'a regardée avec de grands yeux, et m'a affirmé que je n'étais vraiment pas concernée par le sujet. En revanche, l'échange que nous avions eu autour de ma sollicitation erronée sur le sujet de mes cuisses lui permit de comprendre quelle était la cause de ma demande, et nous envisageâmes autre chose qui réponde bien mieux à mon mal-être.

Il me fit la proposition providentielle*** de rééquilibrer mon schéma corporel et ma silhouette dans son ensemble en intervenant sur le volume de ma poitrine.

Mes seins étaient tellement petits qu'ils ne me dérangeaient pas au point que je m'en amusais presque en qualifiant la profondeur de bonnet de soutien-gorge de « A ». En d'autres termes, j'étais *« plate comme une limande »* selon l'expression consacrée. Ce n'était pas ma demande, mais consciente qu'il pouvait avoir raison entre la réalité et ma perception, j'adhérai à sa proposition.

***Le saindoux est un aliment obtenu en faisant fondre la graisse du porc sans viande (panne et lard gras). Il est de couleur blanche, brillant, moelleux et soyeux, Il est très largement employé dans de nombreuses préparations culinaires comme les rillettes par exemple. Avec le beurre, les huiles, il est une matière grasse de cuisson en cuisine en particulier dans les régions du Nord et de l'Est.*

****Qui se produit au bon moment par un heureux hasard.*

Nous prîmes ainsi rendez-vous pour une intervention le 11 avril 2008.

Pour moi, sincèrement, « l'affaire était faite » car en en parlant à Daniel, il n'opposa aucun refus ni aucune objection du moment que cela me permettait de me sentir mieux « dans ma peau ». En revanche, précautions d'usage obligent, j'avais 42 ans et devais, pour cela passer une mammographie.

Aucun problème !!

Le 18 mars 2008, je suis allée passer cet examen, inconfortable mais nécessaire au centre de radiologie de Bergerac.

Par la suite, j'ai vu le Docteur Corinne Henr***** qui pratiquait l'échographie. Ce fut dans un grand silence qu'elle réalisa son intervention, puis me posa la question essentielle :

- Pourquoi faites-vous cette mammographie ?
- Parce que je vais subir une intervention chirurgicale d'augmentation mammaire dans quelques semaines, le 11 avril prochain pour être précise !
- Je suis désolée de vous dire que vous allez devoir retarder votre projet…

Elle avait travaillé dans un tel silence que je compris ce qu'elle m'avait implicitement dit…

Je ne pouvais plus me faire « simplement » opérer de la poitrine, car mon sein gauche déclarait quelque chose de bien mauvais… C'est stoïque que je suis sortie du cabinet et de l'établissement, en filant illico chez ma gynécologue.

Le verdict sur le compte rendu était très clair : je pouvais lire *« Sein gauche ACR4* fort »*. Ma gynécologue m'expliqua que mon dossier devait être vu en équipe pluridisciplinaire et que j'aurais un retour des analyses croisées d'ici la fin du mois de mars.

**Anomalies indéterminées ou suspectes qui nécessitent une vérification de type biopsie.*

Je suis rentrée chez nous et ai fait signe à Daniel qu'il y avait un problème que je ne pouvais aborder en la présence de Jules, resté à la maison ce jour-là.

Le 27 mars, le comité pluridisciplinaire confirma l'avis du Docteur Corinne Henr***** et programma un rendez-vous pour un double *mammotome** du sein gauche, le 11 avril suivant.

Ce 11 avril, sans cette nouvelle, je devais me faire opérer non pour une nécessité cancéreuse, mais pour rééquilibrer mon schéma corporel afin que la taille de mes cuisses ne jure plus face à la taille et la forme de mon buste… J'étais amenée bien loin de mes soucis, et de mes préoccupations, mais j'étais de ce fait rattrapée par une concordance d'événements.

Daniel avait appris l'existence de son cancer lors d'un presque « bénin » rendez-vous pour son genou et de la même manière, j'apprenais l'existence d'un cancer de mon sein gauche suite à une consultation orientée vers les formes de mon corps…

Fallait-il que nous soyons à ce point en alignement pour que nous ayons à vivre de telles similitudes ? Fallait-il que nous soyons si heureux pour que le sort décide de s'acharner sur nous ?

Ma poitrine était trop petite pour que le mammotome fût utilement pratiqué, et après deux heures d'acharnement sur mon sein gauche, il fut décidé que serait pratiqué une *zonectomie*** après repérage mammographique.

**Le mammotome est une technique d'exploration du sein très fiable et un appareil qui permet de faire les biopsies du sein*

La zonectomie correspond à l'exérèse d'une lésion non palpable (microcalcifications, opacité radiologique ou échographique) se trouvant dans le sein. Ce geste est effectué la veille ou le jour même de l'intervention par un médecin radiologue.* ***Exérèse : *Une intervention chirurgicale qui consiste à retirer un élément nuisible à l'organisme (tumeur, organe ou corps étranger). Dans le cas des tumeurs bénignes, une exérèse chirurgicale permet de retirer des lésions cutanées pour des raisons esthétiques ou en raison d'une gêne fonctionnelle. Exérèse est un mot un peu pompeux pour parler d'ablation.*

Je le savais, je le sentais…, les mots pompeux de la médecine chirurgicale faisaient que mon issue serait une ablation totale de mon sein gauche… Je rencontrai le chirurgien le 21 avril pour une intervention programmée le 16 mai suivant. De ce moment, Daniel et moi avons vécu possiblement encore plus dans la nécessité de préserver la vie, et de profiter de tous ses instants.

On nous appellera le couple « Forrest Gump » : chaque jour nous allions marcher, nous balader, prendre l'air.

« Rien ne sert de pleurer », nous disions-nous Joséphine et moi, dans nos conversations imperceptibles.

J'étais bien décidée à ne pas faillir, ne pas m'effondrer, ne pas mollir en me laissant penser à la mort ! Or, la similitude d'événements ne pouvait me laisser indifférente : tout comme nous avions appris l'existence du cancer de Daniel, à peine avions-nous entrepris la construction de notre maison de Saint Alban près de Toulouse, nous apprenions le mien au moment où nous étions engagés dans la construction de notre maison à Bergerac depuis quelques mois, en novembre 2007 précisément.

Rebondissements

J'ai été hospitalisée le 15 mai pour une intervention prévue le lendemain. Le jour de mon entrée à l'hôpital, je découvris que mon souhait d'être dans une chambre individuelle n'était non seulement pas exaucé, mais que de surcroît, je me retrouvais à partager ma chambre avec une femme dont l'apparence corporelle me plongea dans une détresse profonde : en surpoids, sans tenue, les seins tombant jusqu'aux genoux… J'ai craqué et me suis mise à pleurer de manière inconsolable, incapable de me raisonner.

Le 16 mai, l'intervention a eu lieu assortie d'un rendez-vous avec le chirurgien le 27 mai pour le rapport final. 9 jours séparaient ces deux moments cruciaux et afin de me préparer au « verdict », j'ai contacté mon médecin traitant afin qu'il puisse obtenir les résultats avant mon rendez-vous du 27 mai. En obtenant l'accord à ma requête, je me sentais plus en sécurité et j'ai donc consulté le document portant la décision du comité pluridisciplinaire.

Il disait ceci :

« Il a donc été trouvé un foyer de carcinome canalaire in situ de 20mm de grand axe de haut grade d'exérèse complète, mais il existait au niveau de la mammographie cinq amas de microcalcifications qui avaient tous le même aspect. Dans ces conditions, il est tout à fait favorable à la réalisation d'une mastectomie ce qui permettra de s'affranchir de la radiothérapie, mastectomie** qui pourra être réalisée avec une reconstruction mammaire immédiate par prothèse rétro-pectorale ».*

En clair, nous y étions. Le cancer était sérieux et exigeait tant l'ablation que la reconstruction du sein.

J'allais donc pouvoir être opérée. Moi qui finalement avais été séduite par l'idée d'avoir plus de poitrine, voilà qu'on allait m'en enlever !

Daniel m'accompagna pour le rendez-vous chez le chirurgien. Je ne voulais pas être seule car j'avais trouvé son comportement très léger et appréhendais les conditions dans lesquelles l'intervention allait être réalisée.

**En cas de carcinome canalaire in situ, le traitement dépend des résultats de la mammographie et de la biopsie. Dans la plupart des cas, une femme peut choisir entre le traitement conservateur du sein, c'est-à-dire une tumorectomie simple généralement associée à une radiothérapie et une mammectomie totale. L'exérèse limitée à une tumeur est généralement considérée comme un traitement suffisant pour les femmes ayant une tumeur de petite taille et de faible grade pathologique, défini par l'examen au microscope des tissus.*

***En chirurgie : Excision ou ablation d'un sein.*

Après deux heures d'attente, nous sommes enfin entrés dans le cabinet…
- Madame Elie, quelques séances de rayons seront nécessaires et tout sera rentré dans l'ordre, me dit-il d'un ton satisfait.
- Monsieur, le compte-rendu n'indique absolument pas ce protocole, vous devez faire erreur. J'y ai lu qu'il est prévu une mastectomie.
- Parce que les patients lisent les comptes rendus maintenant ??!
- Parfaitement !

J'étais estomaquée ! Il ne s'est pas démonté en rétorquant *« Effectivement.... »*. Puis en m'auscultant et constatant une légère brûlure il a ajouté *« Je ferai mieux la prochaine fois »*. La suite ne fut guère mieux car au lieu de bénéficier d'un entretien de trois heures avant l'intervention de reconstruction, pour expliquer les conséquences post-opératoires, je n'ai eu droit qu'à quinze minutes chrono !

Si je ne m'étais pas documentée, si je n'avais pas demandé les résultats avant, j'aurais été victime d'une erreur médicale. Cette phrase tournait en boucle dans ma tête et je la répétais inlassablement à Daniel sur le trajet de retour.

Je crois que pour la première fois j'ai eu peur… et s'il se trompait encore le jour de l'opération ? J'ai appelé la Ligue contre le Cancer pour leur relater mon « histoire ». Grand bien m'a pris car il m'a alors été conseillé de prendre contact avec le Professeur E. Buss*****.

Le 2 juin, j'étais dans son cabinet accompagnée de Daniel.

De ce rendez-vous, il en est ressorti son compte-rendu :

« Je fais la connaissance ce jour de cette patiente qui est accompagnée par son mari. Elle est très légitimement assez troublée par les hésitations et les quiproquos qu'il y a eu dans sa prise en charge. Elle a même reçu un carton de rendez-vous qui était à un autre nom que le sien... Ceci étant, elle indique cela en souriant, l'essentiel est le trouble dans sa prise en charge après un geste d'éxérèse initial d'un foyer de microcalcications... Il faut donc

*maintenant reprendre sa prise en charge et j'essaie de lui expliquer complètement ce que l'on sait sur les carcinomes intre-canalaires. Je transmets son dossier au Docteur Fau**** pour sa prise en charge. Bien sûr, la patiente souhaiterait que ceci puisse se faire assez rapidement »*.

Le 4 juin, je rencontrai ce Docteur Fau****, et l'intervention allait être programmée pour le 27 juin. Le compte à rebours allait commencer et pour cela, j'eus besoin d'aller revoir Bernard Virevialle*, célèbre magnétiseur à Brive que je consultais depuis 2003. J'étais confiante au point d'aller, le 25 juin, faire les soldes avec Cécile ma voisine et amie, afin de garder de la légèreté, mais j'avais aussi besoin d'être soulagée autant que préparée mentalement pour l'intervention.

Le pouvoir de l'esprit, j'en suis convaincue, donne des forces qui ne peuvent venir d'ailleurs. Tout ce qui a trait au magnétisme, à l'hypnose, à la lithothérapie**, au nettoyage énergétique par la sophrologie ou la méditation, est pour moi une source de maintien du pouvoir de rester positive dans la vie, et exercer son pouvoir sur la vie !

Le 26 juin, jour de l'anniversaire de ma maman, j'entrai à l'Institut Bergonié. Tout s'est vraiment bien déroulé.

Daniel et nos enfants sont venus me voir : j'étais dans une telle forme que je plaisantais, même des six redons gorgés de sang en jouant la scène d'un *« ivrogne avec tout ce pinard avec moi »* !

Évidemment, la morphine qui me préservait de toute douleur a dû avoir sa part dans mon délire.

---

* *https://www.bernard-virevialle.fr/*

** *Méthode thérapeutique qui consiste à soigner au moyen de cristaux.*

Peu importait, c'était fait, bien fait et je sortis de l'Institut le 7 juillet en grande forme. Ma rééducation du bras ? C'est un rouleau de peinture à la main que je l'ai faite car le 31 juillet suivant, nous allions emménager dans notre nouvelle maison et toutes les finitions devaient être terminées.

Je n'ai eu besoin ni de radiothérapie, ni de chimiothérapie, et j'ai très vite récupéré.

« Un mal pour un bien » m'aurait dit Joséphine... Elle avait raison.

Cela dit, il serait faux de dire que je vis sans crainte qu'un mal survienne et je reste encore et toujours en alerte vis-à-vis des « messages » que les événements de la vie peuvent m'envoyer.

CHAPITRE 9
« CONSTRUIS TA MAISON »...

Alors que nous ne savions pas encore que Daniel était atteint d'un cancer, et que le mien ne s'était pas encore déclaré, la mort de Sébastien âgé de 30 ans, un des amis de ma famille, dans un accident de moto en novembre 2002 me fit me sentir de nouveau à l'écoute de tous les messages que de tels événements pouvaient m'envoyer. Joséphine était toujours là... et comme toujours elle vint me greffer dans la tête une phrase qui m'envahit :
« Construis ta maison », me dit-elle.

Bien sûr qu'elle avait raison ! Bien sûr que Sébastien n'avait pas pensé à mettre à l'abri sa femme et ses deux jeunes garçons ! Possiblement n'avait-il pas eu le temps d'y penser, pas à 30 ans.

Cette réalité, doublée d'une sensation que je « traînais » depuis les attentats du World Trade Center en septembre 2001, qui avaient créé des drames dans les familles américaines et dont l'ampleur du souvenir ne m'avait jamais quittée... Cette réalité disais-je, me fit réaliser que s'il m'arrivait quelque chose, étant la seule de notre couple à travailler et subvenir aux besoins de notre famille, Daniel sans ressources ne pourrait pas prendre la relève et s'occuper seul de nos deux enfants.

Ce souvenir des morts atroces des occupants des Twin Towers m'a accompagnée dans ma décision de changer de vie pour protéger les miens. Je travaillais à Paris à cette époque et je venais d'accoucher de notre deuxième enfant depuis seulement trois semaines. Nous vivions en banlieue, et je faisais la navette pour me rendre sur mon lieu de travail dans le 16ème arrondissement sur la ligne C.

Evidemment je me sentais exposée !

« Construis ta maison », me répétait Joséphine.

Autrement dit *« Si tu aimes tes hommes, mets-les à l'abri »*.

Cela a résonné si fort que j'ai sauté le pas. Au bout de 11 ans de BNP, j'ai décidé de tout plaquer, de démissionner, de tout remettre en question. Daniel et moi avons pris ensemble la décision qu'il prenne un congé parental et reste à la maison pour s'occuper de nos enfants.

Aussi bizarre cela puisse paraître, Joséphine me soufflait que cet attentat ressemblait tellement à un acte de guerre, que l'Histoire (la grande) ne pouvait que se répéter : toute guerre était l'avant-propos d'un essor économique.

Sincèrement ? J'ai visualisé notre essor et me suis engagée.

Encore plus déterminée à mettre ma décision à exécution, j'ai cherché et appris que mon employeur proposait des conditions financières favorables à un projet de construction. Comme souvent dans ma vie, je me voyais investie d'une mission d'assumer seule cet acte de protection : l'image de Daniel, seul, sans toit, sans moi et avec nos deux enfants m'était littéralement insupportable.

J'en ai parlé à Daniel et nous nous sommes mis en quête d'un endroit propice à la réalisation de ce projet, devenu le nôtre en Février 2003. Nous avons fini par trouver un terrain sur la commune voisine de Saint Alban dans la banlieue nord de Toulouse.

Daniel avait déjà à son actif de multiples déménagements, et à nous deux, nous en cumulions six ! Autant dire que nous savions parfaitement ce que nous voulions et, en ce qui me concernait, j'étais intimement convaincue que nous allions vivre, dans cette commune, un espace de transit et que nous n'y resterions pas.

Nous avons visualisé ainsi, ensemble, une maison fonctionnelle de plain-pied avec quatre chambres pour recevoir famille et amis. Daniel étant « homme au foyer », avait une exigence : celle de disposer d'un grand séjour. C'est tenant compte de son désir que j'ai dessiné les plans de notre nouveau home.

Un an après, nous vivions dans cette maison, simple autant qu'agréable, installée sur un terrain de 800 m^2, proche des écoles, de la piscine, des commerces et qui me permettait de n'être qu'à dix minutes de mon lieu de travail.

- *Quel changement !* me dit Joséphine.
- *Ho que oui...*
- *Et aussi quelle énergie pour l'avoir réalisé en si peu de temps !*
- *Merci de me l'avoir soufflé... Et Merci à l'Amour qui me transporte pour l'avoir tenu.*

« C'était la mort, et j'ai choisi la vie »

Michael Cunningham

« Les heures » 1998
mis en film par Stephen Daldry « The Hours » 2002

4ème PARTIE :
AMOUR, HUMOUR ET DIGNITÉ

Il nous avait fallu bien du courage pour traverser toutes ces épreuves, et celles qui nous attendaient allaient exiger de nous tous autant d'Amour que de résistance pour garder le sourire, et même continuer à rire.

Avoir à faire face à l'inéluctable sonnait comme des heures en plus où nous pouvions encore rester pleinement nous-mêmes.

« Seuls les faibles mettent des années à s'affranchir d'une émotion. Celui qui est maître de soi peut étouffer un chagrin aussi aisément qu'inventer un plaisir »

Oscar Wilde

« Le Portrait de Dorian Gray »

CHAPITRE 10
UN DERNIER NOËL

Comme une chronique de vie ordinaire qui nous était étrangère, ce 24 décembre 2014, j'en étais certaine, n'allait pas ressembler à tous les autres.

Daniel était de plus en plus faible, et il était tellement amaigri qu'aucune de ses élégantes tenues du passé ne lui allait. Pire que cela, il n'avait même plus le coeur à tout ça… Lui qui avait toujours été soucieux de son style, ce 24 décembre là, il s'en moquait. Tout cela lui était devenu secondaire.

J'étais partagée entre la certitude de le comprendre et mon désir de refuser cet état de fait : je voulais qu'il soit comme avant pour cette soirée comme pour les autres, je voulais qu'il soit BEAU.

Acte égoïste pourraient dire certains : je tenais à cela avec la même puissance que je tenais à Daniel et aux enfants. Il fallait, malgré tous les pressentiments que je pouvais avoir, qu'entre nous 4, le plaisir d'être beaux ensemble soit maintenu autant que célébré ce jour-là ! Je partis donc derechef déambuler dans la galerie marchande de Carrefour Mérignac Soleil et ai arpenté des couloirs de boutiques pour lui trouver une tenue digne de lui : moderne autant qu'originale.

Je finis par trouver ce qu'il lui fallait et qui pouvait lui aller : un pantalon couleur bleu nuit de taille 38, une chemise aux imprimés colorés, et un pull pour finir la tenue.

J'en étais certaine, cela allait l'aider à traverser ce moment qui n'avait aucune surprise pour nous : ce serait le dernier. Continuant mes emplettes, je me dirigeai vers la pâtisserie pour que le gâteau soit aussi à l'image de la soirée quand je reçus un appel de mon frère aîné. Il a bien vite senti, au son de ma voix que je n'étais pas comme d'habitude :

« Ce Noël sera le dernier tu sais, depuis 2003 quand nous avons appris la maladie qui a frappé Daniel, c'est la première fois que je ressens cette évidence qu'il ne s'en sortira pas »

Daniel, mes parents, Théo et moi

Daniel, mes parents, Jules et moi

La soirée s'est divinement bien déroulée.... Seuls mes parents étaient avec nous, la mère de Daniel préférant venir soit pour la fête des mères, soit pour l'anniversaire d'un de ses petits-fils. Nous avons vécu une soirée de Noël comme avant, tous les quatre comme lorsque nous vivions en région parisienne, et avec mes parents, comme ils le pouvaient depuis que nous avions rejoint la province. La soirée a même été festive et joyeuse ! Daniel avait réussi à contenir sa souffrance pour poser, souriant, sur les photos avec moi, nos enfants et mes parents.

Je savais cependant, quoi qu'il en fût de ce soir-là, que depuis bientôt 8 mois, Daniel avait énormément de mal à supporter la position assise. Je l'ai vu pourtant, parvenir à rester avec nous tout le long du repas, entouré de sa famille.

Un an après, en cet autre 24 décembre 2015, j'étais bien différente. Mes parents étaient là, les enfants aussi, mais il manquait Daniel.

J'avais acheté le sapin deux jours avant, et je comptais bien tout faire pour que la soirée soit agréable.

- *Feras tu des photos ?* m'avait demandé Joséphine.
- *Oui, bien sûr !*
- *Et Daniel ?*
- *Sincèrement, s'il n'apparaît pas sur l'image, je SAIS qu'il aura été avec nous, invisible, mais bien présent.*
- *Bravo Soeurette, tes enfants je le sens, t'en seront reconnaissants.*

Je l'espérais de tout coeur car le pressentiment que j'avais exprimé à mon frère au téléphone allait devenir réalité et les péripéties associées, qui auraient pu être dignes d'un mauvais roman, allaient s'inscrire dans notre vie jusqu'à en signifier le point final dans celle de Daniel.

« Ne rougissez jamais d'être reconnaissant et de le paraître, soyez-le publiquement, quand il convient ou qu'il le faut, c'est souvent une ingratitude de remercier sans témoin »

Jean Baptiste Blanchard

« Les maximes de l'honnête homme » 1772

CHAPITRE 11
MON ADIEU RECONNAISSANT À DANIEL

Il était presque écrit que la vie de Daniel n'allait pas être ordinaire et que la mienne à ses côtés ne pouvait pas l'être non plus. Il était ainsi implicitement écrit que sa fin de vie n'allait pas échapper à cette tonalité.

Destination finale

Le 15 janvier 2015, et en l'espace d'une seule et même année, Daniel allait subir une sixième intervention chirurgicale, alternée de séances de chimiothérapie toutes les trois semaines. Il s'accrochait à l'existence au point de rester en vie malgré une septicémie qui le terrassait au mois de Juin 2014… Coupe du Monde de football oblige, il ne voulait pas rater certains matchs !

Cet homme hors norme défiait les lois de la nature humaine, mais il m'était de plus en plus assuré qu'il ne gagnerait pas cette guerre… Je le voyais s'amoindrir au point de ne même plus supporter le poids sur son corps, de son blouson en cuir qu'il adorait. Je l'assistais dans sa vie quotidienne réduite au canapé et aux toilettes dans lesquelles je finissais par lui apporter son petit-déjeuner ou son plateau repas, rebaptisant ce lieu *« sa résidence secondaire* »*.*

Fallait-il que nous nous aimions pour plaisanter de ces moments, dont personne n'était dupe de l'issue..., ni lui, ni moi, ni les enfants. J'ai su bien après que Daniel se sentait incommensurablement triste et coupable de la vie difficile qu'il me faisait endurer alors que m'aimant plus que tout, ses espoirs pour NOUS et pour moi avec lui avaient été de toute autre nature...

Mais ce n'est pas à moi qu'il l'a exprimé ni a fortiori à ses enfants, tellement désireux de nous préserver.

Les souffrances physiques que Daniel subissait n'étaient plus soulagées par aucun traitement et c'est titubant qu'il est monté dans le Véhicule Sanitaire Léger pour rejoindre la clinique Saint Augustin, en vue de la sixième opération. Comment dire mon intime conviction que cette opération était inutile et qu'elle relevait bien davantage d'un acharnement thérapeutique... contreproductif comme d'ailleurs tout acharnement !

J'étais agacée au point d'être dans la certitude que Daniel était clairement en fin de vie. Je le savais d'autant plus que je l'avais déjà pressenti en 2011 quand, en me présentant en Septembre pour un nouveau poste, je m'étais entendue dire à la RH qui menait l'entretien que *« je serai veuve d'ici 4 ans tout au plus ».*

J'avais déjà la conviction que Daniel ne s'en sortirait pas, alors que lui à cette époque n'y croyait absolument pas.

Quoi qu'il en fut et à mon grand désarroi, j'appris aussi que l'intervention chirurgicale avait pris du retard, mais qu'elle allait bel et bien avoir lieu.

---

* *Il est vrai aussi que ce lieu avait accueilli bon nombre de « tags-déco » comme écrits à la craie, dont celui qu'il m'avait dédié : «Pour toi je décrocherais la lune»*

Maltraitances médicales

C'est dans un marasme total des actes de médecine que je chercherai Daniel de 17h30 à 20h30 ! Personne ne pouvait me dire où il était. D'un service où il devait être transféré et où finalement il n'était pas allé, à la salle de réveil dont la responsable me dira sèchement au téléphone avant de me raccrocher au nez, qu'il était *« parti »* et qu'elle *« ne s'occupait pas des sorties »*... J'appelai partout et finis par savoir que le chirurgien avait signé un bon de sortie pour Daniel.

À 20h30, j'appris que Daniel était en route pour la maison, ce qu'il me confirma lui-même par un sms :
« Je suis en route, j'arrive ».

C'est avec le teint verdâtre que Daniel franchit la porte de la maison. J'étais hors de moi... comment se faisait-il qu'on l'ait laissé rentrer dans cet état ! Il manifestait clairement de fortes douleurs au ventre et des nausées qui rendront la nuit cauchemardesque.

Le lendemain, vendredi, l'état de Daniel avait empiré : je me devais de chercher une hospitalisation d'urgence, mais cette fois, dans un établissement qui l'avait déjà accueilli. Je dus aller travailler et fort heureusement, mon voisin Pascal était disponible pour se rendre au chevet de Daniel et me tenir informée.

Oui, il le confirmait, Daniel n'allait pas bien du tout.

C'est à la clinique mutualiste de Pessac que le SAMU transportera Daniel qui restera plus de 4 heures, allongé et agonisant, sur un brancard. J'avais toujours tenu les enfants informés de l'état de santé de leur Papa. Je n'avais jamais voulu leur mentir et fuir la réalité. Pendant 4 années, ils avaient été habitués à voir Daniel partir puis revenir... partir puis revenir... Cette fois-ci, j'en étais certaine, il ne reviendrait pas.

Chroniques d'un départ annoncé

Plusieurs épisodes marquants m'avaient fait, cheminer, peu à peu, vers l'inéluctable, comme si les mois distillaient un même message pour m'avertir : *« Prépare-toi... »*.

Au mois de juillet 2014 l'oncologue m'avait appelée pour me dire que le traitement prodigué à Daniel ne produisait pas l'effet escompté et qu'il *« ne pouvait plus rien faire »*.

Daniel, revenu d'une de ses hospitalisations et de nouveau à table avec nous, me demanda quelles étaient les nouvelles. Je lui répétai, mécaniquement, ce que l'oncologue m'avait dit. La suite était implicitement très claire pour nous tous : ce traitement constituait l'ultime possible, ensuite, il n'y aurait plus rien à faire.

Les enfants ont piqué du nez dans leur assiette, sans mot dire, pour digérer la nouvelle... Jules ira dans la cuisine où je le rejoindrai pour le serrer fortement contre moi et le laisser pleurer...

La suite avait été comme à l'accoutumée : chacun de nous a repris le cours de sa journée, or, chacun de nous avait bien compris que le combat était vain.

Le 17 mai 2014, date de notre anniversaire de mariage, Daniel avait été transporté au service d'oncologie dont les postes d'accueil et celui de prise en charge du patient n'étaient pas au même endroit. Il avait eu beau appeler pour être soulagé des souffrances qu'il endurait, soit personne ne venait, soit il lui était rétorqué qu'étant en effectif réduit, le personnel faisait son maximum...

Dire *« on ne peut rien pour vous »* aurait été plus juste !

J'étais en rage et même si Daniel me demandait de me calmer, je ne parvenais plus à contenir mes émotions. Le lendemain, alors que j'allais retrouver Daniel, j'eus un entretien avec le Docteur C***** qui me livra la sentence : Daniel avait fait une grave occlusion intestinale et la stomie anale* était irréversible. Bien que cette nouvelle fût des plus alarmantes, un autre événement allait non pas compenser, mais offrir à la famille un pur moment de bonheur.

Jules allait, au théâtre du Pin Galant à Mérignac, interpréter « Skyfall » de la chanteuse Adèle et il n'était pas question pour Daniel de manquer ça !

Bien qu'opéré le jeudi 21 mai, par sa volonté et mes pressions auprès du chirurgien, c'est ENSEMBLE, avec mes parents, la mère de Daniel, ma belle-soeur et Théo que nous sommes allés le samedi 23 mai 2014, écouter Jules nous offrir cette belle prestation. Daniel était dans un état vraiment diminué, mais a postériori, je suis absolument certaine que cette bulle d'oxygène et de fierté l'a rendu heureux.

Cette parenthèse n'enlevait cependant rien à ce que nous avions à décider pour le soulager. Daniel était déjà équipé d'une poche urinaire, voilà qu'il allait être équipé d'une poche pour les selles, celle-ci placée sur le ventre. Nos toilettes à la maison étant devenues *« la résidence secondaire de Daniel »*, une plaisanterie qui nous permettait de mettre la gravité à distance, nous nous dîmes cette solution allait lui changer la vie !

Moi qui, entre mes 17 et 19 ans, avais imaginé être infirmière, et y avais renoncé car je ne me sentais pas capable d'affronter des situations extrêmes, je me voyais vivre ce que je savais pourtant impossible : faut-il aimer très fort pour accepter l'inacceptable… Nous qui nous étions toujours endormis collés l'un à l'autre dans la position du foetus et ce, depuis notre rencontre, il nous était devenu impossible de vivre cette fusion qui faisait notre force.

---

* *« Lorsque la tumeur est située très bas dans le rectum, le chirurgien doit enlever le rectum et l'anus qui constituent l'extrémité du côlon. Comme les selles doivent continuer à être évacuées, le côlon est dérivé vers une incision pratiquée, le plus souvent, sur le ventre. Les selles sont recueillies dans une poche collée sur la peau. Cette poche est appelée stomie ». (propos recueillis du Pr Pierre Michel, chef du service Hépato gastro entérologie de l'hôpital Charles Nicolle (Rouen)*

Depuis 2010, les bouffées de chaleur, les sondes, les couches avaient eu raison de notre intimité, à notre grand désespoir. De séjours en soins intensifs en hospitalisations, je vivais ces temps-là comme des avertisseurs… *« Prépare-toi... »*.

C'est un échange avec Marion B*****, psychologue à l'Institut Bergonié, qui m'a finalement amenée au coeur du sujet que nous ne pouvions plus éviter :
- Avez-vous discuté avec Daniel de ce qu'il souhaite pour son départ ? De l'après ? De comment il voit les choses ?

Les questions étaient claires et le sujet, posé.

Comme si cela avait fait partie du protocole, je me suis assise auprès de Daniel et ai sereinement proposé d'aborder le sujet. De questions précises en réponses qui ne l'étaient pas moins, Daniel me renseignait sur ce qu'il voulait, ce sur quoi il demandait encore à réfléchir. Il était très clair sur sa volonté d'être incinéré et sur les personnes qu'il souhaitait que j'informe et invite pour la cérémonie de l'Adieu.

La mère et la soeur de Daniel étaient venues lui rendre visite. Le compte à rebours avait commencé sa course inexorable et ce fut, pour la maman de Daniel, d'atroces réminiscences de la mort de Maurice, son mari et le Papa de Daniel. Elle avait sous les yeux son fils, agonisant, vomissant tout ce que la morphine à forte dose ne lui permettait pas de garder. Il ne pouvait plus s'alimenter et devenait squelettique.

Transféré dans une autre chambre des soins intensifs, Daniel avait, pendant la nuit, reçu sur le front un appareil lourd de 3 kilos ! Le personnel de garde avait été obligé de lui faire des points de suture à vif car il était impossible de lui administrer une anesthésie. C'était tout bonnement incroyable… Le sort s'acharnait sur Daniel, faisant de ce qui lui restait de vie un véritable calvaire.

« Prépare-toi... »

Ma vie à ce moment ressemblait encore plus à une acrobatie d'équilibriste où je jonglais avec tout pour que rien ne se casse : mon job, la maison, les enfants et la santé de Daniel qui se dégradait de plus en plus.

J'y étais habituée, mais là, c'était différent et beaucoup plus exacerbé. Moi aussi, à ma façon, je vivais en soins intensifs à prodiguer à tout mon entourage.

Ce mercredi, je me suis rendue au chevet de Daniel qui me parla d'une vision nocturne qu'il avait eue : cette fois c'était la bonne. Il s'était vu partir. C'est non sans humour qu'il a déclaré qu'il *« se voyait dans la salle d'à côté, entouré d'infirmières totalement nues, mais aussi de Francine, Hervé et Vivi »*. Jusqu'au bout cet homme hors du commun jouait de la dérision pour affronter le point final dont il parlait posément :
- J'en ai marre, il est temps pour moi de partir, la souffrance est trop forte cette fois et je suis épuisé, me dit-il.

Evidemment… cette échéance inscrite dans le temps depuis des années finissait par arriver.

J'ai croisé une infirmière dans le couloir qui m'a demandé d'aller chercher mes enfants car la fin était imminente. J'ai appelé Théo pour qu'il me rejoigne à la clinique, et suis allée chercher Jules. Dans la voiture, ce petit d'homme qui ne pleurait presque jamais me dit en sanglotant :

- Quand on était à Bergerac, Papa me disait qu'on le sauverait, que le traitement allait faire effet !!
- C'est vrai, mais tu vois bien que Papa souffre beaucoup trop à présent, il est épuisé. Les traitements ne font plus aucun effet.

Quand Jules et moi sommes arrivés dans la chambre, Théo était déjà là, les yeux rouges. Visiblement il avait déjà commencé à parler avec son Papa.

Nous nous sommes retrouvés tous les trois autour de Daniel qui a pu nous dire que *« la vie dans ces conditions n'était plus possible »*.

Le temps de nous donner consignes et instructions pour son grand voyage, Daniel nous a priés de le laisser afin qu'il se repose.

Préparatifs des Adieux

Le soir même à la maison, l'ambiance était électrique autant que surréaliste. Gwenaëlle, la fille cadette de Daniel était arrivée par le train, Francine nous avait rejoints par avion, le lendemain, mes parents devaient nous retrouver.

Ensemble, nous avons ri, nous avons pleuré… je ne saurais qualifier cette « euphorie » qui nous saisissait tous, un mélange bizarre de légèreté grave autant que de gravité légère…

Le lendemain, les enfants et moi sommes retournés voir Daniel. L'image qui se grava dans nos rétines fut celle d'un homme au souffle court, bouche ouverte, sa voix était faible, il n'avait plus aucun branchement, et n'était plus alimenté.

Toutes les 10 minutes, Gwenaëlle et moi lui imbibions sa bouche desséchée d'un petit bâton de mousse imprégné de menthe. Théo et Jules passeront leur propre temps, seul à seul, avec leur Papa. La dureté de ces moments n'a eu d'égale que la douce puissance d'une séparation après qu'ils se soient tout dit et en premier lieu, tout l'AMOUR qu'ils s'étaient porté.

C'était un moment rare dont je pouvais espérer qu'il aiderait nos garçons à savourer la VIE en en comprenant bien mieux les tours, les contours et si j'ose dire les « tours de con » qu'elle peut infliger aussi. Un moment rare qui pouvait les armer, même si j'étais certaine qu'ils se sentaient totalement désarmés à ce moment précis. Vivre si jeunes un accompagnement de fin de vie a pu aussi être un cadeau mutuel qu'ils se sont offert.

Les jours s'égrenaient et à chaque fois, Daniel nous disait *« À demain »*... c'était à n'y rien comprendre ! J'avais appris que tous ses organes étaient touchés par un cancer qui s'était rapidement et irrémédiablement généralisé. Comment pouvait-il encore tenir !! Son courage devenait héroïque.

L'humour ne quittant ni les uns ni les autres, j'ai pu lui dire *« Tu joues avec nos nerfs »* et l'infirmière présente à son chevet m'apporta à ce moment une réponse éclairante : *« Il n'a pas encore vu toutes les personnes qu'il souhaitait voir avant de partir »*.

Ne sachant pas de qui il s'agissait, j'ai consulté mon répertoire autant que celui de Daniel et j'ai appelé chacun pour annoncer la nouvelle :
- Cette fois-ci, nous y sommes, la fin est imminente, il souhaiterait vous voir avant de partir.
- Mais il se peut que nous arrivions trop tard...
- Peu importe, mieux vaut arriver trop tard que d'avoir des regrets. Venez.

Une personne pour moi était certaine, c'était Vivi. Daniel l'avait souvent surnommée sa « maîtresse » de coeur, et je savais que les sentiments qui les liaient étaient importants pour eux deux. J'ai appelé Vivi pour que Daniel lui dise tout ce qui lui semblait essentiel... elle pleurait au téléphone car elle n'avait jamais réussi à accepter que la mort fasse partie de la vie, celle de son père l'ayant laissée dévastée au même endroit. J'ai fait « médiatrice » pendant ce coup de fil, écoutant Daniel dire à Vivi combien il était inutile de pleurer...

Les jours successifs ont permis à tous ceux qui le voulaient et le pouvaient de venir passer un moment avec Daniel. J'orchestrais tout afin que chacun puisse avoir un temps intime de partage avec lui, mais aussi pour que les dernières forces que Daniel avait soient préservées afin qu'il soit heureux de ces derniers instants. Depuis des mois déjà, Nono, son pote de 26 ans venait rendre visite à Daniel pour partager des idées, écouter leur musique, regarder leur vidéo.

Ils arrivaient de partout : Bergerac, Toulouse, Paris… Ils étaient tous là : ses amis, sa soeur, son frère, ses nièces, Gwenaëlle, Francine… Le samedi et le dimanche, ce fut un véritable ballet de visiteurs à qui je tenais, individuellement, à dire tout le courage exceptionnel de Daniel afin qu'ils soient, chacun, à la hauteur. Cela sous-entendait qu'ils ne craquent pas, qu'ils ne pleurent pas, qu'ils ne crient pas…

Nous lui devions tous ça !

La grivoiserie et l'humour légendaire de Daniel rendaient ces moments rares : *« Qui aurait pu penser que je déplace autant de monde… je n'avais pas d'amis, j'étais sauvage et persuadé que je pouvais vivre seul et sans personne… enfin, pas sans femme !*»*

Je vivais cela comme un hommage qu'il me rendait tant il avait maintes fois dit, y compris à sa mère *« Sans Lolo, je me serais jeté sous un train »*.

À présent, pour son dernier voyage, j'avais toutes les consignes extrêmement claires : une incinération, une cérémonie religieuse *« mais pas faite par un cureton »* avait-il ajouté, surtout que *« les gens ne soient pas tristes »*. Il souhaitait de la musique, une ou des guitares (son instrument favori). À mon tour, j'avais pu lui exprimer une requête : ne partageant pas ses goûts musicaux, je lui demandai l'autorisation de passer pour la circonstance un des derniers titres de Patrick Bruel intitulé *« Dans ces moments-là **»*.

Je glisse ci-contre les paroles qui ne pouvaient que me parler de NOUS deux, de NOUS quatre et de NOUS tous…

** Peu importe qui de lui ou moi a prononcé ces mots, ou les a seulement pensés… Nous en étions parfaitement d'accord !*

*** https://www.youtube.com/watch?v=GL0zZg9UUTU*

« J'essayais d'écrire un discours
Marion fermait la grande maison
Manu râlait comme toujours
Les autres fumaient sur le balcon

Marco et François en costard
Evelyne et Gégé en retard
Pascale en larmes au coin de la rue
Je suis venu dès que j'ai su

Qu'est-ce qu'on dit dans ces moments-là
On s'embrasse on n'sait pas
Les mots sont tellement dérisoires

Qu'est-ce qu'on fait de nos souvenirs
Nos larmes et nos fous rires
Quand part un peu de notre histoire
Une chambre bleue 16 ans à peine
Ta première fois ... Qu'elle était belle

Nos éclats de rire dans le couloir
Tellement jaloux fallait nous voir

Les parties d'échecs les moustiques
Nos grandes engueulades politiques
Vos regard noirs pour me faire taire
J'allais trop loin avec ton père

Qu'est-ce qu'on dit dans ces moments-là
On se serre dans les bras
On baisse les yeux comme des enfants

Il aurait voulu qu'on se marre
Que je prenne ma guitare
Et que tout l'monde chante comme avant

Cette mélodie de Sanson
Une drôle de vie un frisson

Juste quelques notes d'adolescence
Comme des enfants qui s'avancent
C'est dingue c'qu'ils te ressemblent

On se retrouve en file indienne
A jeter d'la terre sur nos larmes
Même si tu t'es trompé d'adresse
On est tous là au rendez-vous

Et puis envie de voir la mer
Faire la route à l'envers
Vers le café de nos promesses
A Cadaquès
Marion m'a regardé
J'ai souri à Marco
Laurence a hésité
Paul a dit oui
Caro m'a j'té les clefs
On était déjà dans l'auto ... 4 3 2 1 0

Il aurait voulu une fanfare
Que la voiture démarre
Surtout qu'on roule à perte de vue

Qu'est-ce qu'on chante dans ces moments-là
Même si le coeur n'y est pas
On suivra cette route
Qui continue »

Tout, absolument tout était calé, rien n'avait été laissé au hasard.
À la petite voix qui m'avait dit pendant des mois
« Prépare-toi... »
Je pouvais enfin répondre… ***« Nous sommes prêts ».***

Le 4 février 2016, à 14h40 précisément (comment l'oublier…), Daniel ne respirait plus depuis quelques minutes et cela m'avait tellement effrayée que j'étais allée chercher l'infirmière pour lui annoncer que c'était fini. Au moment où l'infirmière entra dans la chambre, Daniel se remit à respirer très fort !! Quel choc !! Comme au théâtre… Daniel faisait son ultime fausse sortie*. Ce n'étaient que quelques dizaines de minutes qui nous séparaient de la véritable fin.

C'est entouré de mon frère aîné, ma belle-soeur (la femme de mon frère cadet) et moi-même évidemment que Daniel a rendu son dernier souffle à 15 heures.

Je suis rentrée à la maison. Il fallait que je prévienne les enfants et que je m'occupe de tous les aspects administratifs. J'étais lucide, droite, déterminée à être digne : ce que Daniel avait été et m'avait demandé.

Dans le salon, entourée de mes proches (Éric et Nathalie, leurs enfants, Valérie), mon frère aîné et mes parents, j'ai pris mes garçons dans les bras et leur ai prononcé ces mots :

« C'est fini…mais s'il faut ne retenir qu'une seule chose dans la vie, c'est que L'AMOUR est notre plus grande richesse et que sans lui, nous ne sommes rien ».

Presque conformes à ce que Daniel m'avait dit, nous n'avons pas pleuré et même si c'était plus par pudeur que par obéissance sur le moment… je sais que chacun de nous a exprimé bien plus tard tant son incommensurable chagrin que la colère qui l'a accompagné. Je suis repartie à la clinique afin de m'occuper des papiers… et je ne saurais me souvenir si Gwenaëlle était encore là ou déjà repartie. Non que je n'y accorde pas l'importance qu'elle mérite, mais j'avoue que mon état de choc a certainement dû altérer ma mémoire. Dans mon souvenir, elle était avec moi. Je suis revenue dans la chambre où je ne voyais plus qu'un corps blanc presque translucide tant je ne reconnaissais plus le visage de Daniel.

---

* *Fausse sortie au théâtre : mouvement d'un personnage qui fait croire qu'il sort de scène, puis revient tout de suite. Mouvement de quelqu'un qui fait croire qu'il s'en va (Encyclopédie universelle).*

Perdre de la sorte un mari et un père nous laissait dans une sensation ambivalente mélangée de soulagement face à la délivrance autant qu'un immense vide, une béance comme un gigantesque cratère que Daniel avait laissé en partant.

J'avais besoin d'être seule et tout le monde qui était à la maison est reparti peu à peu. Il fallait que je m'occupe des démarches funéraires et que je rende hommage aux dernières volontés de Daniel.

« La grandeur est la plus belle prérogative de l'âme,
et celle qui donne le mieux l'idée de sa dignité »

Hypolite de Livry

« Pensées et réflexions » 1808

CHAPITRE 12
DIGNE CÉRÉMONIE

La cérémonie fut programmée pour le mercredi 11 février 2015… c'était bien loin dans le temps mais les crématoriums étaient « débordés » aussi était-ce la date la plus proche qu'ils avaient pu proposer.

J'ai contacté le prêtre pour l'office religieux que Daniel souhaitait, et nous avons longuement échangé sur les volontés de mon Amour défunt autant que sur les miennes.

[Dans ces moments-là, la question de la foi passe après la question de la croyance en l'AMOUR.]

Ce jour-là devait être à l'image de Daniel : Exceptionnel…

J'ai écrit le texte que j'ai déposé au début de ce livre, j'ai consacré un dimanche entier avec Krikri et Nono à chercher et choisir les musiques qui allaient accompagner tant les différentes prises de parole que les temps de silence propice au recueillement.

De manière plus prosaïque, il fallait également que je me soucie de l'aspect logistique-restauration que cette journée allait nécessiter, 60 personnes à accueillir pour le repas à la maison !

Union et désunion… j'étais prise de souvenirs vertigineux car cela me rappelait les préparatifs de notre mariage : à peine 40 personnes, mais le même niveau d'exigence pour que tout soit parfait.

Parfait… un mot qui scandait dans ma tête et dans mon coeur… Il fallait que je le sois aussi et par perfection, entendez cette fois DIGNITE.

Comme une empreinte émotionnelle autant qu'intentionnelle, je me fis la promesse que ce jour-là, je serais rayonnante, magnifique, je ne vacillerais pas, je serais droite… parfaite.

Et ceci quoi « qu'on » en pense, quoi « qu'on » dise de ce qui pouvait sembler surréaliste, quoi que je me dise, des années après, sur l'image que je pouvais et/ou devais véhiculer dans ma nouvelle identité de femme veuve

Daniel lui, était entièrement vêtu de noir : Perfecto, Jean's, pull et ses Santiags aux pieds. Son ami Raphaël avait même tenu à lui glisser entre les doigts un médiator*. Il ressemblait à une RockStar, on aurait dit une statue du musée Grévin !!

Quant à moi, je n'arrivais pas à ressentir quoi que ce soit. Je voyais juste un corps vide qui n'était plus que *« carcasse »*… son âme était déjà partie mais elle était tellement proche de moi que j'en ressentais la force qu'elle me donnait. Arrivée au crématorium, ce sont plus de 100 personnes qui étaient là. Je me postai presque machinalement devant l'entrée de la salle pour les accueillir et les embrasser chacune individuellement avant d'entrer dans la salle de la cérémonie.

J'avais choisi une tenue aussi claire que le temps qu'il faisait : le soleil brillait, la température extérieure égalait très certainement la chaleur humaine qui circulait entre nous tous.

** Lamelle utilisée pour faire vibrer les cordes de certains instruments de musique (banjo, guitare...).*

Je me suis placée au centre, entourée de mes deux garçons pour prendre la parole d'une voix claire et rythmée, et m'adresser à tous. Il m'était essentiel autant que vital de me sentir courageuse pour parler du courage de Daniel, il m'était essentiel autant que vital d'être aussi digne que lui.

Les prises de parole se sont succédées : Francine, Éric (un des « potes » de Daniel), « La Grande Laurence » comme il aimait à l'appeler…

Théo comme Jules furent impressionnants de courage et la sérénité autant que l'Amour intense se dégageaient de ces moments, sous toutes ses formes d'ailleurs car les déchirements exprimés par la Maman, les soeurs et le frère de Daniel en disaient long sur la douleur de l'amour perdu.

C'est sur un fond musical de Gary Moore que tout s'est enchaîné, sous le soleil exactement.

Nous sommes rentrés à la maison et la chaleur ambiante a pu inviter chacun à profiter du jardin, se retrouver au bord de la piscine. C'était curieux… La raison de cette célébration était infiniment triste pour chacun d'entre nous, or nous nous comportions comme si la VIE était tellement plus importante et que c'était aussi à elle qu'il fallait rendre grâce.

Dans tous les recoins de la maison et du jardin, de petits groupes se formaient pour discuter. Le volet roulant de la piscine étant déboité, Raphaël, Hervé et d'autres encore se mirent à coeur de le réparer. L'astre solaire dardait ses rayons au point que certains ont attrapé des coups de soleil*…

La « fête en l'honneur de Daniel » touchait à sa fin et si j'avais accueilli mes hôtes par une embrassade individuelle au crématorium, je me devais tout autant de les raccompagner. Ça sonnait comme un air de colonie de vacances quand on se quitte… Un air qui concentrait autant d'émotions, que d'euphorie, que de fatigue, mélange singulier de sensations contraires tout aussi apaisantes que douloureuses.

---

* *« Des coups d'amour, des coups d'Je t'aime » aurait pu chanter Richard Cocciante ce jour-là avec nous !*

Les départs se sont faits progressivement pour qui était venu en voiture de Paris avec encore six à sept heures de route à parcourir, pour qui encore était venu par avion (Francine, Hervé, Vivi, Valérie, Stéphane, Vincent, Raphaël, Cristina, Laurence) et devait regagner l'aéroport.

Peu à peu, la maison s'est vidée de tous ceux qui avaient permis que l'Adieu à L'amoureux soit le plus beau.

Mes parents se proposèrent de rester jusqu'au samedi, le lundi signifiant aussi pour Jules, la reprise de l'école en classe de 4ème.

Quant à moi, je décidai de m'octroyer une semaine de plus avant de reprendre le travail… Théo était à la maison, et je tenais à m'assurer que le retour à l'école pour Jules se passe au mieux.

Daniel a tiré sa révérence à l'âge de 65 ans, j'en avais 49, Théo 18 et Jules 14. À nous quatre, nous aurons marqué notre identité du sceau du sourire sur la vie qui allait continuer. Daniel n'était plus avec nous pour nous y inviter, mais il était clair pour les garçons et moi-même, que c'est ce que nous devions faire… ce que nous allions faire.

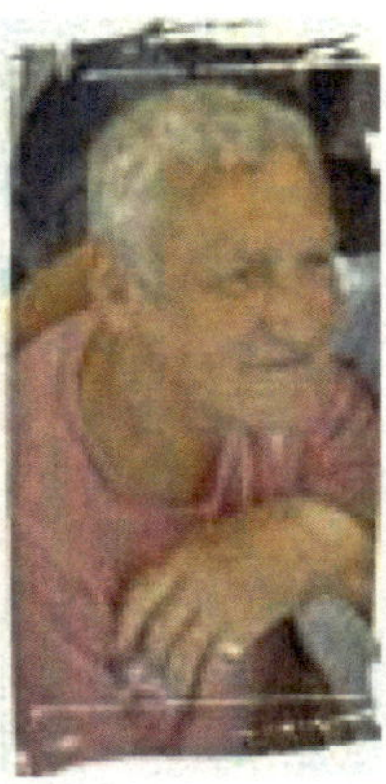

Hommage de Cécile F.

« Je mets des bougies de couleur pour te rendre hommage Tonton Dan, car tu aimais la vie, rire, t'éclater. Tonton Dan, tu es et resteras à jamais gravé dans mon coeur, un tonton exceptionnel, grand coeur, à l'écoute, avec plein d'humour, qui faisait le pitre tout le temps, un

papa câlin, un mari aimant et aussi adorable, toujours formidable et souriant. Je ne t'oublierai jamais, nous ne t'oublierons jamais, tes éclats de rire, tes blagues, je garderai toujours tous ces bons moments passés parmi vous, et entre autres, ce dernier séjour à Martignas avec cette p'tite marche du dimanche en forêt, avec toi Daniel et Mélanie...

Voici cette magnifique photo qui rappelle votre complicité avec Tata Foldingue, votre amour éternel, à l'infini ! Je ne sais pas trop ce que tu disais sur cette photo, très certainement : « Regardez ma p'tite femme comme elle est belle et courageuse ». Et oui je confirme, Tata Foldingue est un p'tit bout de femme, mais si grande à la fois, avec une force remarquable, incroyable, extraordinaire et pleine de courage comme toi Daniel, courageux et battant jusqu'au bout !

On est tous fiers de TOI TONTON DAN, de TATA FOLDINGUE et des garçons, THEO et JULES.

Mélanie m'a dit à son coucher et si tristement mercredi soir : « Tonton Rigolo est là-haut ? Il regarde Jules, Théo et Tata Foldingue maintenant de son nuage blanc !? ». Je trouve cela, venant d'une petite fille de 10 ans, magnifique et touchant à la fois !! « Et OUI ma puce... » et elle a entièrement raison, il veillera sur vous trois, sur ses enfants, sa maman Yvette, sa soeur Colette et toute sa famille, il prendra soin de vous trois et vous verrez, il y aura des p'tits signes qui viendront jusqu'à vous...

Je suis de tout coeur avec toi Ma Lolotte, avec Jules et Théo ainsi que toute la famille.

DANIEL EST VOTRE HÉROS, VOTRE ROCK STAR,
comme vous le dites si bien, un GRAND HOMME

Les éclats de rire

L'amour, la complicité, la fierté

C'est tout simplement ...TOI

Au revoir Daniel !
Tu vas énormément nous manquer...

Comment ne pas être émue par cet hommage et touchée de ce montage qui n'oubliait personne ! Mais avant de passer aux pages suivantes, il m'importe de glisser ci-après ce que je ne me résoudrai pas à appeler « chapitre », mais que je tenais absolument à déposer, ici.

Si ces lignes ne sont pas un plaidoyer à charge, elles n'en restent pas moins, pour moi, un témoignage libératoire sur toutes les légèretés médicales qui auront créé un surplus de souffrance.

Ce sont deux lettres que j'ai adressées à deux médecins dont le titre, si je devais leur en donner un serait : « à la Emile Zola »...

« J'ACCUSE »

Martignas, le 12 juin 2015

*Dr H******,*
Vous avez en date du 15/01/2015 opéré mon mari Daniel ELIE à la Clinique S. A. Et 4 mois après son décès, je tiens à vous faire part de ma colère, face à votre manque de discernement professionnel et aux dysfonctionnements des services.

En effet, mon mari s'est présenté le jeudi 15/01/2015 au service ambulatoire, pour subir un changement des sondes double J par vos soins. Malgré son état général dégradé, vous avez non seulement procédé à cette intervention, mais vous avez signé un bon de sortie le jour même. Sachez monsieur, que souhaitant avoir des nouvelles de mon mari, j'ai contacté la clinique vers 17h30. On m'indique que l'intervention a eu lieu plus tard que prévu et qu'il restera la nuit dans le service UROLOGIE. On m'indique qu'il est en salle de réveil et l'on m'invite à rappeler le service urologie dans 1 h. À 18h30, je rappelle le service qui m'indique qu'il n'est pas encore remonté et l'on me demande de rappeler vers 19h30. À 19H30, je rappelle et là surpris, l'infirmier du service Urologie puis l'interne ne comprennent pas pourquoi mon mari n'est toujours pas remonté. Ils me passent la salle de réveil en communication où je tombe sur une DINGUE qui m'explique que mon mari est sorti il y a déjà un moment et avant de me raccrocher au nez, elle braille dans le téléphone et m'explique qu'elle est là pour gérer les entrées et les sorties et pas autre chose. Je rappelle le service qui appelle le service ambulatoire qui ne répond pas, puis finit par vous contacter. Vous leur indiquez que vous avez signé un bon de sortie, puis ils tentent de joindre le taxi qui le raccompagne. 20H, alors que je suis en ligne avec le service, je reçois un message de mon mari qui m'indique qu'il est en route pour la maison.

De retour à la maison dans un état pitoyable et de souffrance abdominale, il passe une nuit très agitée et là je vous en veux. Il est ensuite hospitalisé en urgence le samedi 17/01 à la clinique

*Mutualiste où nous apprenons par le Dr C***** qu'il fait une occlusion intestinale nécessitant une intervention pour une stomie le lundi 19/01. Il décèdera le mercredi 04/02/2015, dans un service de médecine générale, après être passé aux soins intensifs. Je recevrai quelques semaines après votre facture de dépassement d'honoraires. Vous avez souhaité malgré la nouvelle que j'ai communiquée à la secrétaire percevoir cette somme. Pour ma part, ce dépassement devrait être perçu au résultat ! J'avoue que face à de telles situations, les nausées apparaissent. Vous opérez sans même vous interroger sur la finalité de votre travail. Mon mari est parti, digne et courageux. Voilà, il était nécessaire de percer ce silence qui ne permet pas de faire progresser un système défaillant. Dans un service privé comme public, on paye on cotise pour avoir le meilleur, concernant mon mari et sa fin de vie, on en est loin. Cette lettre n'attend pas de réponse, comme je l'ai indiqué dans un courrier adressé au Dr R****, c'est avant que mon mari ne décède que vous auriez dû vous manifester.*

Mme ELIE Laurence

Martignas, le 12/06/2015

*Dr R******,*

*Ou devrai-je dire G*** ? **
4 mois après le décès de mon mari, je tiens à vous faire part de ma colère, face à votre totale absence, votre ignorance pendant les 3 semaines qui ont précédé.
Vous êtes Oncologue, et je mesure le poids de vos diagnostics et de vos décisions. Toutefois, je ne vous reproche pas la non efficacité des traitements prescrits, ni même vos qualités d'Oncologue, je m'adresse à l'Homme.

** Je tiens à ne pas divulguer non plus son prénom, mais c'est bien par cette forme que je m'adressai à lui.*

N'instaurez pas ce climat sympathique, allant jusqu'au tutoiement, ni cette posture proche de votre patient, si finalement ils ne sont que cobayes !

Restez pragmatique.

*Seule, j'ai dû seule faire face à 3 semaines d'incohérences, de non communication, d'incompétences. C'est Marion B***** qui m'a quotidiennement guidée, et qui a même rendu visite à mon mari à la Clinique mutualiste aux soins intensifs.*

2 jours avant le décès de mon mari, j'ai reçu un courrier de consultation pour le vendredi 6 février à 11h ! Cela se passe de commentaire. Votre engagement humain doit être à la hauteur de la confiance que vous porte votre patient. Daniel vous faisait confiance, votre engagement n'a pas été à la hauteur de ce qu'il méritait.

*Ce qui est d'autant plus regrettable, c'est que le Dr H****, ainsi que certains acteurs principaux de la clinique Mutualiste ont eu un comportement indescriptible à son égard.*

Ça fait beaucoup !

Je ne souhaite pas de réponse à ce courrier, car c'était avant que vous auriez dû vous manifester.

Toutefois, je pense à vos patients actuels. Je ne souhaite pas mettre de formule de politesse pour conclure cette lettre.

Mme Laurence ELIE

« La vie est un songe, merci de l'avoir rêvée »

Philippe Sollers

CHAPITRE 13
RECONNAISSANCE ET GRATITUDE

Tout comme j'avais eu l'intuition de ne pas laisser « mes hommes » sans ressources s'il m'arrivait un jour quelque chose, apprentissage que je « devais » à Sébastien, je savais au fond de moi que Daniel avait eu la même idée. J'ai d'ailleurs su qu'il en avait parlé à l'infirmière dans le service de soins intensifs. Il ne lui avait pas été possible de penser nous laisser, les enfants et moi, sans un sou de côté.

Je peux dire que la maison de Martignas a représenté la solution à cette inquiétude, bien qu'il ne l'ait peut-être pas pensé ainsi, au moment où nous avions investi.

Sincèrement, en 2012, au moment où nous avions visité ce bien, j'étais bien moins convaincue que Daniel ! Contrairement aux autres lieux de vie que nous avions choisis, cette maison n'était pas neuve et exigeait beaucoup de travaux. C'était la première fois que Daniel et moi n'étions pas vraiment d'accord sur le choix de NOTRE maison, soit à louer, soit à faire construire.

Tout à faire et à refaire, je me sentais bien moins confiante et même apeurée par l'ampleur du chantier qui me semblait très improbable. Or Daniel savait déjà, et avant moi, que la configuration de cet investissement, réfections, rafraîchissements faits, me mettrait à l'abri du besoin en cas de… disparition. Malgré mes doutes et mes craintes, je l'ai suivi dans ses intuitions. Et puis, est-ce qu'une vie sereine, plate, tranquille m'aurait plu ? Certainement pas… Alors, l'insurmontable a priori, très peu pour moi !

Mon père ne s'était pas privé de me dire combien cet achat était folie du fait des travaux titanesques que ce bien nécessitait… la suite de l'histoire m'a permis de le contredire autant que Sacha Guitry (rien que cela !) *« Mon père-**n'**avait pas-raison »** et mieux encore, mon père a eu tort !!

Daniel s'était investi pleinement et intensément dans toute la rénovation de la maison : toiture, canalisations, réhabilitations, peintures, pose de parquet, tapisserie, maçonnerie… rien n'avait échappé à son acharnement pour faire de notre demeure un véritable BIJOU.

J'avais eu, quant à moi et malgré mes craintes, une intuition de même nature que celle qui m'avait fait poser des questions aux médecins qui nous avaient permis de découvrir l'existence du cancer de Daniel.

Cette intuition, je ne la dois qu'à Joséphine qui ne m'a JAMAIS quittée dans quelque situation que ce soit. Sur la parcelle de la maison, trônait une dépendance de 80 m^2 dont 51 étaient habitables. L'ancien propriétaire l'avait fait aménager pour que son fils aîné y vive.

Dans l'étude du notaire, j'avais posé la question qui allait me permettre d'organiser cette nouvelle vie que je n'avais pas encore envisagée pour autant.

- Maître, sera-t-il possible un jour de diviser le terrain pour revendre cette dépendance, une fois qu'elle sera rendue habitable ?
- OUI Madame.

** Pièce de théâtre de Sacha Guitry adaptée au cinéma « Mon père avait raison » 1936*

Ce « OUI » m'avait permis de visualiser la construction d'un mur entre les deux maisons et comme j'avais déjà dit à Daniel qu'à l'âge de 54 ans, je changerais de travail pour me concentrer sur la proposition de chambres d'hôtes… Autant dire que j'avais déjà des images de « mon avenir » !

Ce fait que Daniel autant que moi envisagions nos changements de vie à des âges bien précis aurait été presque « amusant » si la vie ne nous avait pas pris au mot : mourir jeune ou du moins un peu plus jeune que son père pour Daniel, quitter mon job pour faire autre chose à 54 ans pour moi. À l'heure qu'il est cependant, je ne peux affirmer cela que pour Daniel….

La réponse du notaire m'avait fait me rappeler combien la dépendance m'avait créé de nausées ! Je n'avais même pas voulu y entrer pour la visiter. Cet endroit était tellement sale que cela me répugnait, et contre toute attente, Daniel qui était bien plus « maniaque » que moi, avait trouvé l'endroit « parfait ». Lui qui avait rechigné à quitter Bergerac se sentait comme un poisson dans l'eau dans ce nouvel environnement qui allait nous demander énormément d'investissements.

Il faut dire tout de même que depuis notre rencontre et notre engagement à Être et Vivre ensemble, nous comptabilisions déjà 10 lieux de vie et autant d'années dans les travaux ! Alors…. Quoi de différent dans notre mode de vie, hormis notre désir commun de mise à l'abri de celui de nous deux qui resterait après le départ de l'Autre. 10 lieux de vie différents et depuis 2002, deux constructions, une maison à retaper… mais aussi, et surtout : des lieux de vie paisibles pour nous et nos enfants qui y auront grandi et évolué.

Après toutes ces années, je réalisai que nos espaces de vie n'avaient fait que croître. Cette splendide maison dans laquelle nous avons vécu jusqu'à la mort de Daniel a pourtant fini par ne plus être vivable. Trop de souvenirs, des crises que mes enfants traversaient comme des expulsions de douleurs de la perte d'un Papa, la vision du canapé sur lequel Daniel avait passé le plus clair de son temps les derniers mois de sa vie, tellement usé par la maladie qu'il ne trouvait plus la force de bouger.

Jules, Théo et moi ne parvenions plus dans cette maison à cacher nos douleurs respectives qui emplissaient les espaces et fissuraient les murs de débordements de violence... Notre vie devenait insupportable et ça, pour moi, c'était littéralement impossible à accepter.

Je décidai donc de m'occuper de notre immobilier en le faisant estimer. Quel choc ! Je compris, ce jour-là, que mon Amour avait très certainement pensé à tout en m'embarquant dans ce coup de coeur que je n'avais pas partagé. J'ai été submergée par un intense sentiment de gratitude envers lui. Ce qu'il m'avait transmis était inimaginable et pourtant bien réel.

Alors ? J'ai commandé des travaux pour faire de la dépendance un lieu habitable.

C'était décidé, j'allais mettre en vente la dépendance.

Ce genre de décisions que Daniel et moi avions pu prendre ensemble, je me retrouvais seule à devoir l'assumer. C'est avec mon amie Krikri que j'ai partagé la réflexion, et forte de nos échanges, je me suis lancée.

Ce type de travaux nécessitait des agréments. J'ai obtenu l'accord en Septembre 2015 ouvrant ainsi la période de recherches d'entreprises pour réaliser les travaux : eau, électricité, plomberie et plus encore, tout devait y passer. J'ai passé cet hiver 2015 à endurer autant que supporter tout ce que la vie n'avait pas mis en stand-by, les enfants, mon job, les travaux qui rendaient l'extérieur de la maison autant que l'intérieur de la véranda dignes d'un paysage de guerre ! Vraiment... c'était Beyrouth !

Et comme de juste (ou presque !), j'allais vivre un autre moment singulier, de ceux qui m'ont fait m'entendre dire que mon cas était inédit et que *« c'était la première fois qu'une telle situation était rencontrée »*.

Presque comme le drame de ma vie, cette phrase m'est devenue insupportable. Suis-je perçue comme capable de tout endurer pour qu'à chaque fois, ce que je peux relater de ce que je traverse déclenche de tels propos ? Est-ce là mon karma qui continue ? Vraiment, je n'en pouvais plus au point de me dire que je n'en voulais plus.

Quel était ce clou ? L'entrepreneur qui avait commencé les travaux était décédé pendant le chantier. Cet homme travaillait seul et personne ne connaissait sa vie. Il me fallut prendre un huissier pour venir constater les travaux payés et non réalisés. Ses conclusions ont été sans appel : le montant s'élevait à 7500,00 €. Autant dire qu'une fois de plus, des démarches lourdes m'attendaient. Surtout tenir, surtout ne pas craquer tant l'ambiance, hiver compris, rendait les événements difficiles. J'entendais la voix de mon Ange Joséphine dans mon oreille et dans mon coeur.

- Tiens bon ma Soeurette,
- J'ai des angoisses tu sais, et elles sont de plus en plus fortes.
- Et que te disent-elles ?
- Elles me font devenir folle au point de me sentir aliénée. Tout est immensément insurmontable... tout, absolument TOUT.
- Entends-tu ma voix quand je te parle ?
- .....
- Laurence ?
- .....

Cette coupure de contact avec moi, si j'ose dire, ce furent les appels en vain que Joséphine me lançait qui me les ont fait réaliser. Je me suis vue rester prostrée dans ma chambre pendant près de trois jours, poursuivie par des envies de suicide. Joséphine ne me parlait plus, ou plutôt, je ne l'entendais plus : murée, cloisonnée, enfermée...

Je sentais que la dépression voulait s'installer dans ma tête, mon coeur, mon corps et mon sens de la maîtrise des choses.

NON !! NON !!

C'est comme si j'avais entendu de très loin l'appel de mon ange.... NON, je n'allais pas rester ainsi. Je n'allais pas tomber malade de dépression médicamentée. NON.

Je consultais depuis six années déjà un magnétiseur en Corrèze, je suis allée à la rencontre de la sophrologie puis de l'hypnose... Il n'était absolument pas question que je me laisse mourir à feux (pas) doux. Mon corps sur lequel j'avais toujours voulu exercer mon pouvoir me parlait un langage qu'il fallait que je décode.

Joséphine a dû crier très fort pour que je l'entende, et comme des années auparavant elle m'avait murmuré de construire ma maison pour garantir la protection de mes aimés, j'ai fini par capter son message :

- *Vends ta maison.*
- *OUI, tu as raison. C'est ce que je vais faire.*

Et c'est ce que j'ai fait.

« On ne va jamais aussi loin que lorsqu'on ne sait pas où l'on va. »

Christophe Colomb

CINQUIÈME PARTIE
EN TERRE INCONNUE...

Ce n'est pas rien de changer de vie, et même si je peux dire que j'étais loin d'être novice en la matière, il n'en restait pas moins que le départ de Daniel allait me plonger au coeur de moi-même. À l'instar de Patricia Darré*, une médium que j'étais allée écouter en conférence, il m'est apparu que ma nouvelle « solitude » pouvait peut-être m'inviter à trouver en moi d'autres ressources que je n'avais jamais ni explorées ni exploitées.

---

* *Patricia Darré est née le 27 juillet 1958 à La Châtre en Indre. Après des études supérieures de publicité, littérature et cinéma à l'Université de Bologne, elle a rejoint son Berry natal où elle travaille à radio-France. En 1995, elle découvre son don de médiumnité. Elle n'a aucune envie d'être médium et redoute même la réaction de son mari, agnostique. Le décès de son mari lui permettra d'accepter et de se reconnaître ce don. Fin 2010, Patricia est contactée par l'éditeur Michel Lafon pour écrire un livre sur ses connaissances de l'Au-delà. Le célèbre éditeur souhaite donner suite à un article paru dans VSD, dans lequel elle s'exprimait au sujet de guérisseurs et sorciers du Berry. Dans un premier temps, la journaliste doute de vouloir faire ce livre, mais une voix intérieure l'encourage vivement à le faire. Patricia a accepté et elle a rédigé son premier livre intitulé « Un souffle vers l'éternité ». Celui-ci a connu un grand succès suivi de deux autres livres en 2013: « Les lumières de l'invisible », puis « L'invisible et la science. Quand les scientifiques rencontrent l'au-delà » en 2014. 2016 verra la parution de « N'ayez pas peur de la vie » aux Editions Michel Lafon.*

Cela dit, je n'en connaissais ni les formes ni les contours… Allais-je devoir ralentir ? Comment allais-je m'acclimater ? Est-ce que je ressentirais des manques ?

Des tonnes de questions allaient m'assaillir chaque jour et je me laissais aller à penser qu'elles pouvaient m'amener vers une « chose »… autant que son contraire !

Pour une fois, peut-être dans ma vie, j'ai décidé de me laisser porter au gré des vents de mes sensations… Une chose était certaine cela dit : l'amour comme moteur ne pouvait pas me quitter.

« Lolo Plume » comme quelqu'un m'a appelée un jour

« L'espérance doit savoir patienter »

Victor Cherbuliez

« Les pensées extraites de ses oeuvres » 1913

CHAPITRE 14
SOLITUDE ET ESPÉRANCE

Depuis la mort de Daniel, il m'arrivait de considérer ma vie fade, plate. J'avais consacré mon existence à soutenir les autres et à présent que mes enfants avaient bien moins besoin de moi qu'avant… qu'allais-je faire ?

J'ai redécouvert ma fragilité, celle que j'avais quand j'étais enfant et adolescente, l'insouciance en moins.

J'avais des envies mais ne trouvais pas l'énergie de les réaliser, ce que Théo me rappelait en me disant : *« Tu ne vas pas jusqu'au bout de ce que tu dis »*. Je le savais, je me voyais avancer et reculer en permanence.

Non décidément, je ne connaissais ni cette Terre ni ses rites.

Daniel avait toujours été là pour me donner l'impulsion, et m'exhorter à aller de l'avant comme on dit, faire de belles choses. Nous avions vécu un Amour si puissant et digne d'un volcan en ébullition permanente que me retrouver seule me faisait comprendre à quel point je saisissais mieux cette phrase qui m'avait été dite maintes et maintes fois… *« Laurence, pense à toi »*.

Mais pour quoi faire ? Et pour qui ? Et avec qui ?

À 50 ans, je me suis dit que je n'avais pas la vie qui me ressemblait. C'était effroyable de me dire cela car je ne voyais pas comment je pouvais me retrouver. Ce qui me manquait le plus était la pétulance, comme si nous avions ensemble connu la gloire, la liesse et que je me retrouvais en dehors de l'affiche... réduite à une vie routinière.

Mais je n'avais jamais su ce que c'était avec Daniel !

Je me sentais honteuse de ne pas être heureuse parce que des injonctions sociales me disaient *« qu'en tant que Maman et à 50 ans, je ne devrais plus avoir besoin de rien d'autre »* ou encore *« qu'avoir du temps pour soi, c'est bien et il ne faut pas se plaindre ».*

Je me rendais compte que mon expérience de l'existence en tant que femme était d'ÊTRE dans les yeux d'un Homme et Daniel, pour cela, m'avait vraiment tout donné.

J'étais coincée entre la conviction que les choses arrivaient quand c'était le bon moment, et un tel ennui qui m'exhortait à forcer le destin pour aller à la rencontre d'un homme qui pourrait m'offrir le plaisir que j'avais perdu.

Depuis 2011, l'état de santé de Daniel avait fait que nous n'avions plus pu dormir enlacés l'un contre l'autre, et a fortiori avoir des relations de couple. Jamais je ne l'ai trompé pour autant et à présent qu'il n'était plus là, je le réentendais me dire *« Pense à ton avenir ».*

Impossible de me donner la légèreté qui me manquait tant, impossible de partir en week-end voir des amis, la famille, à Paris ou ailleurs, impossible de quitter la maison et laisser mes enfants. Je n'étais décidément pas libérée.

Comme à chaque fois, rien ou si peu ne paraissait.

Mes messages intérieurs me hurlaient d'un côté d'être patiente et de l'autre de ne pas me laisser mourir à petit feu dans cette vie sans l'Extra-ordinaire que j'avais toujours connu.

Mon visage, lui, racontait une autre histoire : celle de la force et de la gaieté qui m'avaient toujours caractérisée. Je ne pouvais absolument pas me résoudre à être une femme qui en avait assez vécu pour ne plus en vouloir encore.

J'étais en manque. En manque d'amour et en manque de moi.

J'ai donc poussé quelques portes pour « obliger la vie » à me rendre ce qu'elle m'avait pris. C'est comme si elle m'avait traitée d'insolente !!
« On n'écrit pas l'histoire avant qu'elle ne se déroule », m'a-t-elle dit.

Or, je ne cherchais pas à reconstituer une vie de couple, mais à me libérer de ce carcan de « fausse vie » de femme de 50 ans dans laquelle le « tout bien réglé » de mon enfance reprenait ses droits. Un véritable cauchemar de me sentir revenir en arrière alors que j'avais goûté et savouré tous les plaisirs et surtout la liberté d'Être.

J'ai pris ma solitude en pleine figure.

Je rêvais d'être « une plume et me laisser porter », mais pour cela, il fallait certainement que j'apprivoise les mots « Légèreté », ou « Ralentissement »... à moins que ce ne fût à moi de me laisser apprivoiser par eux... mais aussi « Confiance », et « Espérance ». Je me disais pourtant que ma vie en avait été une preuve exaltante ! Je n'attendais rien, je ne projetais rien quand j'ai rencontré Daniel, et c'est pour ça que tout est arrivé. J'avais beau le savoir, rien n'y faisait.

Si je ralentissais, j'allais m'effondrer car ce n'était certainement pas la femme que j'étais et voulais ÊTRE, encore et encore. Ma vie professionnelle pourtant m'envoyait des messages encourageants ! Durant tout mon parcours, j'avais donné tout ce que j'avais, tout ce que je pouvais, j'avais exigé beaucoup des autres et de moi-même, sans être reconnue à ma juste valeur, or cette année-là, j'avais dépensé bien moins d'énergie et mes résultats avaient été encore plus performants.

J'ai reçu des éloges qui m'ont chavirée, tellement je ne me voyais plus ainsi.

- *Laurence, qu'est-ce qui te ferait plaisir ?* me demanda Joséphine.
- *Retrouver ma folie intérieure ! Je suis trop sage et trop jeune pour être vieille !*
- *Qu'est-ce qui te fait dire ça ?*
- *Je ne danse plus dans le salon, je ne fais plus le pitre en créant des parodies devant Daniel sur le canapé et filmée par Jules, je n'ai plus de photo de moi en racaille avec un bonnet sur la tête, une doudoune et un jogging par-dessus. Je ne saute plus dans les mares quand la pluie en laisse sur son passage...*
- *Etre dévergondée ?*
- *C'est ça !!! C'est ça qui me manque, et aussi être gourgandine ! je ne veux pas vivre comme une veuve, une ermite ou une ascète.*
- *Qui te le demande ?*
- *Personne à vrai dire... je ne sais pas encore comment faire pour retrouver ces parties de moi sans les vivre avec Daniel. Je ne sais vraiment pas encore où placer le curseur de ma nouvelle vie.*
- *Un curseur entre un avant et un après ?*
- *C'est ça.*

Je ne parvenais pas à me visualiser ailleurs que dans cet entre-deux, cette parenthèse fort inconfortable ! Vendre la maison était un projet en cours mais je me sentais rattrapée par des accès de panique qui me venaient des reproches que les enfants avaient pu me faire quant à mes « instabilités » professionnelles et nos déménagements. Faire ce choix (nécessaire) ouvrait un espace qui voulait dire recommencer, repartir, chercher, trouver un nouvel endroit… et quel confort allais-je pouvoir apporter à mes enfants ?

Le temps ne pouvait que m'aider car j'avais l'intime conviction qu'elle allait se vendre vite. Les personnes qui connaissaient ma maison me disaient que je n'aurais aucun mal à trouver acquéreur tellement elle était magnifique. Ce sont ces mêmes personnes qui me disaient que j'étais une femme magnifique et que je n'aurais aucun mal à rencontrer quelqu'un !

Moi, au milieu de tout cela, je ne voyais que les défauts tant dans ma maison que sur ma personne. Je vivais des événements qui étaient à des années-lumière de ce que j'avais pu connaître en termes de difficultés et c'est comme si cette forme d'aisance me bousculait dans mes habitudes. Aussi ne voyais-je que ce qui n'allait pas...

« Des détails » me dira l'agent immobilier.

J'avais été tellement habituée à batailler pour que le meilleur état possible soit. J'étais poussée par l'injonction de perfection qui me venait du *« toujours plus et toujours mieux »* que mon père m'avait laissée. Ras le bol de la perfection !! Elle m'étouffait parce que je voulais être *« imparfaite, libre et heureuse* »*.

À quand le plaisir de me faire plaisir ? À quand mes retrouvailles avec « Pétulance », « Amusement », « Cocooning », « Autre chose », « Nouveauté » ? Autant de petites graines que j'espérais voir germer dans ma nouvelle terre.

Il me fallait lâcher prise avec mes apparentes contradictions car c'était à cette condition que je pouvais me laisser séduire par un homme autant que par un projet : celui de bouger, de voyager, de faire des choses inattendues, absolument ni projetées ni calculées.

Je me retrouvais comme lorsque nous habitions Toulouse : j'avais du temps pour moi et autant à l'époque je l'avais mis au service de l'apprentissage de la cuisine, autant là... au service de quoi pouvais-je mettre ce temps libre ?

Certains diraient que c'était super d'avoir du temps... pour moi, c'était l'enfer. Le samedi, passait encore, je l'occupais au ménage, aux courses, à la cuisine pour la semaine, à tout ce que je n'avais pas eu le temps de faire... mais le dimanche devenait un véritable cauchemar. Un vide abyssal... me laissant parfois dans un état de sidération léthargique !

---

* *En référence à un ouvrage de Christophe André « Imparfaits, libres et heureux » Broché, 2007*

Besoin d'intensité

Je me manquais et je savais que ce qui pouvait me ranimer était d'être courtisée. Au moins ce stimulus extérieur pouvait-il au moins me réconcilier avec l'image que je proposais de moi-même, et le regard que je portais sur moi-même.

C'est arrivé un jour où je me suis rendue chez un stomatologue, je n'avais vraiment pas la forme mais j'étais déterminée.

Le lendemain et peut-être pour réaliser ce que j'avais dit, j'ai « appelé » Joséphine :

- Mon ange, hier je me suis fait draguer ! et tu vois, la seule chose qui m'est venue à l'esprit a été de lui dire que j'étais veuve !
- Ho... je vois... et que t'a-t-il dit ?
- Que j'étais jolie et tonique... et je ne sais plus...
- Mais dis-moi, n'est-ce pas ce que tu es ? que se passe-t-il ? je ne te reconnais plus.
- C'est comme si je me mutilais toute seule... voilà, je crois que c'est ce que je suis en train de faire.
- Bon sang... l'image que tu as de toi ne colle pas du tout avec ce qui t'est renvoyé de qui tu es... JE le sais, TU le sais aussi et certainement, ce courtisan l'a su aussi parce qu'il T'a vue. Or, tu as les yeux fermés et les oreilles bouchées.
- Je me suis tellement éloignée qu'il m'en faut beaucoup tu sais... pour y croire et accepter de me l'entendre dire.
- Voilà, tu l'as la clé : reviens. Reviens nous...

Je réalisai que pour revenir, il fallait que je quitte un espace qui m'était devenu familier. Le volcan qu'avait représenté le couple que Daniel et moi avions formé s'était éteint et n'offrait plus qu'un cratère stérile dont il ne pouvait plus sortir aucune lave ni même aucune incandescence.

Comme sur une île, j'avais beau connaître la lumière du littoral, il m'était impossible de m'éloigner de cet endroit. J'étais pourtant appelée de loin, j'entendais tout de même mes envies qui me parlaient d'intensité mais pas dans le malheur et les difficultés, j'aspirais tellement à l'intensité du bonheur et des joies !

Je ne voulais plus de défis à relever, je ne voulais plus de montagnes (émotionnellement) russes ! Je voulais me libérer de cette vie rythmée par des choses dures à gérer, sans renoncer à mes instincts de folie, sans remiser les 400 coups que j'avais toujours envie de faire, sans renier l'adrénaline dont j'avais besoin pour me sentir vivante !

Au lieu de cela, je me voyais faire le dos rond à l'approche d'une vague à l'océan au lieu de la prendre de plein fouet, pour que ce soit moins violent. Je me voyais pétrie d'angoisses - dont mes fils se seront inquiétés - qui me terrassaient en me plongeant dans l'immobilisme total. Je réentendais la phrase que Théo avait prononcée après le décès de son père : *« Ma mère va sombrer, elle ne va pas être à la hauteur ».*

- *Et s'il avait eu raison ?* demandai-je à Joséphine.
- *S'il exprimait sa propre inquiétude, il est important qu'elle n'ait été que la sienne, et non ta vérité. Il ne tient qu'à toi de faire en sorte qu'il ait eu tort ....*

Il fallait vraiment que je m'éloigne du cratère pour descendre vers la force de vie : deux malheureux bandeaux que j'avais à peindre suite au passage de l'agent immobilier me semblaient être un travail titanesque alors que j'avais repeint toutes les façades de la maison ! Des petits « signes » de cette nature allaient peu à peu me réveiller pour m'inviter à me retrouver comme avant : Effrontée et Invincible!

En fait, c'est un peu comme si j'avais eu le besoin de me retrouver comme quand j'étais enfant, adolescente et jeune adulte. Des souvenirs surgissaient en pagaille, je me revoyais chez mes grands-parents, marcher sur un mur, le vide sous mes pieds, ma mère affolée par mon caractère intrépide... À l'instar de ces sportifs de l'extrême qui semblent risquer leur vie, me sentir invincible parce que comme eux, je savais qu'il ne m'arriverait rien. Cette sensation m'avait toujours donné une énergie incroyable et par là-même, la force de faire ce que j'avais à faire !

Être une tête brûlée sans jamais la perdre, être une adepte fidèle des cocasseries, voilà qui j'étais, suis encore et avec un besoin vital de le rester !

Mon Théo m'a souvent dit que je me *« comportais comme une gamine de 12 ans »*… Si cela voulait dire que je manquais du sérieux conforme à mon âge, il avait raison !

Je n'ai jamais eu envie d'être conforme.

Le plaisir de rester légère, hardie, culottée, audacieuse, éhontée, outrecuidante… je pourrais allonger la liste tellement elle me procurait de plaisirs, rien qu'à l'évoquer ! Une Fifi Brindacier* du XXIème siècle, voilà ce que je pouvais revendiquer !!!

** Fifi Brindacier a été inventée en 1945 par l'écrivain suédoise Astrid Lindgren (1907-2002) avec le nom amusant et très long de «Fifilolotte Victuaille Cataplasme Tampon, fille d'Efraïm Brindacier».*

Une héroïne admirée des enfants : *Fifi Brindacier mène une vie de bohème dont beaucoup d'enfant rêvent. C'est une enfant farfelue et pleine d'imagination qui n'a pas de grand souci ni d'obligation : ni d'école, ni de parents. Elle peut se coucher quand elle le désire, monter sur les meubles, s'amuser avec ce qui lui plaît et manger des quantités de bonbons. Proche de la nature, elle est libre, enthousiaste et elle n'a peur de rien. Sa force est si exceptionnelle qu'elle peut porter son cheval. De plus, elle sait tirer au revolver, pêcher dans toutes les mers, voler en ballon, trotter à cheval, grimper aux arbres, et toutes ses prouesses l'ont rendue très populaire. Fifi profite de la vie et elle sait aussi profiter de son état d'enfant pour défier les adultes et échapper à l'autorité des parents. Elle répond avec malice quand on lui fait des remontrances ou quand Tommy et Annika, ses amis bien vêtus, polis et très sages, ne veulent plus participer à ses aventures. Son audace et sa liberté de ton font cependant un peu peur à certains adultes qui, de ce fait, l'ont aussi fortement critiquée. Elle a même été censurée dans certains pays conservateurs qui la considèrent comme un personnage subversif.../...*

Je me retrouvais totalement dans les caractéristiques de cette petite fille espiègle et pétillante. Ma mère s'évertuait à m'acheter des jupes et de jolies robes tandis que je n'étais pas la dernière à faire des bêtises avec mes frangins !

Mes cicatrices partout attesteraient bien volontiers de mes péripéties autant que de mes prises de risques et de mes *« même pas peur, même pas mal »* !

Un jour, un clou était venu se loger dans ma jambe alors que je repeignais toutes les façades de la maison… qu'à cela ne tienne ! Un garrot fait maison et j'avais continué de bricoler !! La blessure, m'avait dit le pharmacien, aurait bien mérité quelques points de suture…

Ce n'est qu'un exemple car j'en aurais tellement à déposer ici pour que jamais je n'oublie qui je suis…

Pour autant cette période, qui mélangeait allègrement solitude, envie de m'envoler, une forme de déprime car j'étais en train de me perdre et mon désir de VIVRE, allait se clôturer par la vente de la maison pour me faire passer à un autre état, beaucoup plus clair.

.../... Un personnage féministe.
Fifi Brindacier est une fillette hors du commun, à la fois gaie, courageuse et impertinente. Elle est aussi un peu rebelle, n'hésite pas à avoir des comportements que l'on attribue à tort seulement aux garçons. Comme le révèle son apparence originale, elle revendique un style bien à elle et se moque même de certaines dames à l'attitude trop distinguée. Lorsqu'elle voit dans la vitrine du pharmacien: « est-ce que vous souffrez de taches de rousseur », elle s'empresse de déclarer: « je ne souffre pas de celles-ci, je les aime !». Fifi Brindacier a une grande force de caractère, elle vit selon ses désirs et non plus selon un modèle qui lui serait imposé. Sa personnalité a contribué à l'émancipation des femmes en donnant un modèle de fille plus libre. C'est pourquoi elle est devenue un emblème pour certains courants féministes ou encore pour la mouvance punk des années 80.

Ce 24 août 2016, je sortis de chez le notaire, il faisait 50 degrés dehors. La maison était vendue. Même si j'avais pressenti que cela allait se faire rapidement, le vivre dans le réel me donna une sorte de vertige. J'ai ressenti un puissant soulagement tout autant qu'un énorme vide dans mon corps. Pour la première fois je crois, avec autant d'intensité, j'ai réalisé que Daniel n'était plus avec moi.

Tout est pour moi mémorable.

J'ai vraiment pleinement compris ce jour-là que j'allais être totalement seule à devoir faire face aux événements de la vie. Depuis ce jour d'ailleurs, je ne m'adresse plus à Daniel pour lui demander son aide, je ne lui dis plus *« Bonne nuit mon Amour »* chaque soir quand je me couche.

De ce jour-là, j'allais faire de ma vie une AUTRE vie, j'allais créer de nouveaux horizons, j'allais quitter un grand espace pour me retrouver dans un lieu de vie tout petit.

Cette dépendance dans laquelle je n'avais pas voulu entrer au moment de la visite de la maison, c'est là que j'allais m'installer avec Théo et Jules.

La pièce du rez-de-chaussée allait conjuguer en un seul espace ma chambre et la salle à manger, l'entrée allait consister en un espace très réduit en guise de cuisine, l'étage accessible par un escalier très raide allait être agencé en deux espaces séparés d'un rideau pour les chambres des enfants…

Finalement, alors que la superficie de tous nos lieux de vie était allée crescendo en m^2 habitables, je rétrécissais magistralement notre espace. Cela ne devait comme ne pouvait QUE signifier un REEL changement de vie alors que nous n'étions qu'à cinq mètres de la maison !

Certaine que Jules allait être accepté dans son lycée à Bordeaux, et que Théo obtiendrait son CAP coiffure… je n'avais qu'à garder confiance en ma bonne étoile

Même si je savais déjà que notre vie en ce lieu allait être (encore) une transition, une phrase scandait dans ma tête et me donnait une nouvelle énergie : *« Je vais dans plus petit pour voir plus grand »...*

« Chaque matin est une nouvelle vie que la nuit referme »

Madame Necker

« Mélanges et pensées » 1798

CHAPITRE 15
RÉGÉNÉRESCENCE ET VÉRITE

3 mai 2016… C'est fait, j'ai vendu la maison. D'ici quelques mois, Théo, Jules et moi vivrons dans la dépendance que nous allons transformer en habitation.

Pour un changement, celui-ci était radical ! Nous vivions dans une demeure de 130 m^2, et nous allions nous retrouver sur deux niveaux dans une superficie de 55m^2. Être plus à l'étroit pour voir plus grand et y trouver un souffle nouveau !

En une journée ma pièce était faite car elle était prête dans ma tête, je l'avais complètement pensée et c'était un vrai cocon… tout coquet, tout mimi !

Ce nouveau lieu de vie allait m'inviter à sortir, à voyager !!

De plus, les personnes qui en avaient fait l'acquisition étaient de belles âmes, et il me semblait évident que cela contribuait au fait que je le vive vraiment bien. J'y suis retournée et ce que je craignais ne s'est pas produit : ce n'était plus ma maison. C'était la leur car pour moi, elle était devenue le dernier cadeau que Daniel m'avait fait en nous permettant d'être à l'abri du besoin.

Ce cadeau, c'était MON présent.

Le passé est le passé et aujourd'hui, c'est différent. Le présent ne ressemble qu'à lui-même !

« Grâce aux épreuves que j'ai traversées, voilà où j'en suis ». C'est un mal pour un bien. Dans la vie, il faut en passer par là. Ça m'a apporté une philosophie de vie qui me ravit chaque jour car elle me permet de savourer pleinement ce qui se passe, toutes les saveurs, les odeurs, les arômes et aussi d'effacer rapidement ce qui ne s'est pas bien passé.

Si j'osais, je dirais que malgré - ou grâce à - ce deuil, la vie est belle. Je réalisai aussi que si j'avais rétréci mon espace, j'avais ouvert mon esprit et ce qui avait grandi chez moi, c'était mon propre intérieur bien plus que mon extérieur !

Je me suis fait de plus en plus confiance car je sentais (ou je pressentais) que quelque chose allait continuer à évoluer. M'ouvrir à tous les messages qui me parvenaient était un désir encore plus fort que le fait d'être libérée des crédits et m'invitait à aller dehors, tout autant qu'apprécier des images de paysages qui me touchaient : une prairie, un grand champ où le soleil brille. Dans mes images, il y avait du blé, des fleurs, comme une jachère fleurie : je m'y voyais souvent, enfant en train d'y courir.

Je me suis sentie naître à nouveau et si ma terre était un volcan dont j'avais gardé toute la fougue et la chaleur, je réalisai que même une terre brûlée finit toujours par reverdir ! Si j'avais craint de devenir stérile, je constatai que ma terre était toujours fertile pour que quelque chose y poussât.

La végétation reprend ses droits entre les pierres de lave séchée

J'étais vraiment en train de découvrir que si l'EXTRA-ordinaire avait fait ma vie avec Daniel, ma vie sans lui à présent pouvait être faite d'ULTRA-ordinaire qui me ferait regarder avec un sourire chargé d'espoirs et d'envies le plus commun du plus ordinaire. Cela me fit contacter l'émerveillement de l'enfant que je n'étais à la fois plus, mais que j'avais envie de garder intact en prenant soin de lui. Je sentais que j'étais passée de l'inquiétude à la quiétude.

Je savais pourtant que je ne resterais pas dans cet endroit, qu'il était encore une étape vers un autre horizon. Il me donnait l'envie de m'alléger, de convoiter d'autres contrées jusqu'ici étrangères et qui pourtant m'attiraient, m'intriguaient et me faisaient rêver.

Persuadée qu'à l'âge de 54 ans, il allait arriver quelque chose qui m'amènerait à arrêter de travailler, je me projetais différemment même s'il me restait un défi, et non des moindres.

Ralentir mon rythme de vie ? Je ne savais si j'y parviendrais, mais je savais qu'il me fallait changer : faire attention à moi sans me laisser happer par mes démons, prendre soin de moi sans me faire mal, accepter…

M'accepter.

Ce dont je suis à présent absolument sûre en revanche, c'est que mon chemin rejoint un chemin universel : être aimée et comprise dans mes spécificités tout autant qu'aimer et comprendre nos différences.

« Quand on réunit l'expérience d'une vie dure avec la grâce d'une vie plus relevée, on devient un exemplaire de valeur. On est une femme forte, peut-être une femme rare.
Avec quelques autres qualités et ornements, on devient la femme accomplie, au-dessus de laquelle il n'y a plus que la femme parfaite, la femme extraordinaire, la sainte femme, et autres prodiges assez superflus, car c'est la femme accomplie qui donne tout le bonheur désirable et possible en ce monde ici-bas »

Henri-Frédéric Amiel

« Journal intime », le 27 mars 1870.

CHAPITRE 16
RESTER FEMME, RESTER « MOI »

À l'instar de Patricia Darré que j'étais allée écouter en conférence, je me suis sentie affranchie. Comme elle, je pouvais dire que la mort de Daniel me permettait de vivre des choses que jamais nous n'aurions pu vivre ensemble. Je trouvai des résonnances entre son vécu et le mien.

Je les manifeste à présent, notamment dans mes tenues vestimentaires, car ce que je peux porter aujourd'hui, je ne me le serais jamais autorisée avant de peur d'aiguiser la jalousie maladive de Daniel !

Je me suis émancipée, c'est certain.

Rester MOI, et/ou le devenir encore plus m'a fait ressentir une certaine culpabilité quand, au mois de Juin 2016, je me suis retrouvée face à des personnes que je n'avais pas revues depuis le décès de Daniel. J'étais radieuse autant que lumineuse, et pas une *« Veuve joyeuse »* d'opérette* ! J'ai craint qu'ils me voient ainsi alors qu'ils pouvaient tout aussi bien être heureux pour moi de me voir avoir franchi le cap.

---

* *Du nom d'une opérette autrichienne en trois actes de Franz Lehár.*

Pas facile de conjuguer les multiples regards sur soi : ceux des autres, ceux que je pouvais imaginer qu'ils avaient sur moi et celui que je portais sur ma propre personne !

Pour autant, je savais que j'étais en train de continuer de grandir y compris dans l'appréciation que j'avais de mon propre corps, alors que ce sujet, s'il avait échappé à certains, avait constitué pour moi un réel combat.

Je suis moins rigoureuse, je me fais moins mal par mon niveau d'exigence : je cours à présent à mon rythme (dans le sens le plus concret mais aussi le plus symbolique !) au sens où je ne cède plus à mes propres injonctions qui faisaient que ma décision de partir courir pour une heure ne m'autorisait pas à rentrer au bout de 10 minutes.

Aujourd'hui, je m'accorde ce droit plein et entier sans qu'il écorne la considération que je me porte. Ce qui m'émeut, c'est que je pense n'avoir jamais été aussi VRAIE que maintenant, ou en tout cas jamais autant.

Je m'habille différemment et une tenue particulièrement, me fait me sentir invincible et comme Patricia Darré l'a dit elle-même *« solaire et Batwoman, guerrière et aventurière de la vie* »* : c'est une combinaison en Jean's d'une seule pièce qui me fait me sentir indestructible comme s'il s'agissait pour moi d'une seconde peau. Elle représente la femme que je suis devenue car elle met en valeur tout ce que j'ai mis en oeuvre pour parvenir à ce que je vis : un réel épanouissement dans ce que je suis, tout autant que ma détermination.

Après tout, ne suis-je pas née un 4 août ? Une sacrée date si l'on considère l'année 1789 ? Une Libération !! Mais également la date de naissance de Barak Obama, un inattendu espéré ou un attendu inespéré !!

---

* *http://next.liberation.fr/livres/2015/02/06/patricia-darre-medium-pieds-sur-terre_1197166*

J'étais donc née pour être LIBRE... et si ma vie a eu son lot de contraintes, je pourrais dire aujourd'hui qu'elles ont été à l'inverse de ce que d'aucuns auront pensé : je ne me suis jamais soumise, j'ai aimé et cet amour m'a fait agir pour la liberté d'être.

« Ta deuxième vie commence quand tu comprends que tu n'en as qu'une *»

Aujourd'hui, j'ai les rênes entre mes propres mains alors que jusqu'en 2015, nous étions deux. À présent, je prends toute la mesure de ces 26 années pendant lesquelles Daniel et moi nous sommes construits et qu'aujourd'hui, j'ai à mener seule le navire que nous avons fabriqué, ensemble, contre vents et marées.

J'ai réalisé que j'étais vraiment seule, mais reconnaissante de ce que Daniel m'avait donné en m'aimant tellement qu'il avait su faire grandir la confiance en moi. Si son niveau d'exigence envers moi avait été en permanence très élevé, comme mon père à mon égard finalement, la grande différence est que je n'ai jamais douté de l'Amour de Daniel envers moi, et je ne peux m'empêcher de penser que ce qui m'arrive aujourd'hui, les rencontres que je fais, les personnes qui jalonnent ma route et qui mettent en valeur ce que je suis devenue, c'est LUI qui les y invite.

« Je rends grâce à Daniel, d'avoir toujours souhaité mon bien-être et mon épanouissement. Puisses-tu mon Amour, être récompensé : Je suis comblée »

C'est comme si, avec ses 16 années de plus que moi, IL m'avait transmis toutes ces bases.

Je ne peux que faire confiance en l'avenir, et vraiment c'est apaisant.

---

* *En référence au livre de Raphaëlle Giordano. Editions Eyrolles. 2015*

Toutes mes expériences de vie auraient pu, pour certaines, me faire quitter ce monde or, c'est dans ce monde - sans TOI aussi - que j'ai décidé de rester. Comme un enfant je pourrais dire *« Même pas peur »*, je suis armée !

Capitaine de mon propre navire sur lequel voguent aussi mes enfants, je me sens navigatrice et l'équipage est à présent en moi.

Rituel de mes « Cartes divinatoires des archanges »

J'étais sensible aux messages non rationnellement accessibles et en 2014, je me suis offert ce jeu de cartes divinatoires, persuadée depuis longtemps que nous avions tous des énergies vibratoires qui donnent raison à Antoine de Saint Exupéry :

« On ne voit bien qu'avec le coeur.
*L'essentiel est invisible pour les yeux *».*

Portée par la conviction que Patricia Darré avait raison de nous faire entendre la voix des anciens ou des disparus qui nous étaient chers, j'ai utilisé ce jeu de cartes comme des oracles** : tirer une carte me faisait poser une question :

« Quel est le message le plus important que vous souhaitez
me transmettre ? »

---

* *« Le petit prince » Date de publication originale 6 avril 1943*
** *Antiquité : Réponse qu'une divinité donnait à ceux qui la consultaient. Les oracles de la pythie.*

En 2014, je n'arrêtais pas de tirer la carte :
« TRANSITION PROFESSIONNELLE »

« Votre objectif de vie déclenche un changement de carrière bénéfique »

Dans la même année, au mois de juillet, je me voyais proposé un poste auquel je n'aurais jamais pensé et qui, finalement, allait me permettre d'être auprès de mon mari pour l'accompagner.

Celle que je tire le plus fréquemment aujourd'hui porte le nom de :
« PATIENCE »

Elle dit ceci :

« Vos rêves fleurissent plus rapidement que vous ne le réalisez. Néanmoins, ils ont besoin de soin et de patience »

Dernièrement, j'ai tiré « **CLAIRSENSIBILITE** » qui somme toute, est revenue à chaque tirage. Elle me disait ceci :

« Veuillez respecter vos émotions, n'ayez pas peur des émotions fortes ou des sentiments intenses, je peux vous aider à distinguer entre vos propres émotions et celles des autres. Je vous aiderai aussi à vous libérer des énergies dont vous pourriez être absorbé. Je vous conduirai vers des gens, des situations ou des endroits où l'énergie claire et aimante. Vos sensations émotionnelles et physiques répétitives vous apportent de précieuses informations, alors veillez à les remarquer et à les écouter. Il s'agit de réponses à vos prières, demandez-moi de vous aider à interpréter des messages confus afin que vous sachiez clairement quelles sont les étapes à franchir »

J'ai récemment tiré la carte **« ETABLIR DES PRIORITES »**

« Mettez l'accent sur vos principales priorités. Je vous aiderai à vous organiser et à vous motiver »

« PROSPERITE » est venu lors de mes tirages

« Vos besoins matériels sont comblés lorsque vous écoutez votre intuition et manifestez vos rêves dans la réalité »

La vente de la maison m'a permis d'effacer tous les lourds crédits que je devais seule supporter, c'était bien plus léger même si je sais fort bien que la vie peut réserver d'autres mauvaises surprises. J'ai tout de même ressenti de l'apaisement, une forme de légèreté sans que cela ressemble à du détachement car plus qu'avant, il était primordial que je ne baisse pas les bras.

La grande différence à présent, c'est que je suis ma propre épaule sur laquelle me reposer et je n'ai plus cette colère qui me faisait pester contre le fait que le départ de Daniel m'avait totalement contrainte à tout assumer toute seule.

Comme le Petit Poucet, mais à l'inverse de lui, la vie met des cailloux sur mon chemin, mais bien plus pour dessiner ma nouvelle route que pour chercher à retrouver l'ancienne.

Je peux dire qu'aujourd'hui, j'ai parfaitement intégré le fait d'être seule.

J'ai d'ailleurs fini par ôter mon alliance et la ranger dans ma chambre, et même si elle a laissé sa trace sur mon doigt, je sais qu'un jour je ne la verrai plus. C'est pour moi un hommage que je peux rendre encore et encore à Daniel en répondant à ce qu'il a souhaité pour moi quand il m'a dit de penser à mon avenir, de penser à moi.

C'est comme si ce jour-là, il m'avait ouvert une porte et m'avait dit *« Vas-y »*.

Pour autant que je puisse le faire, en cet instant : je fais un voeu qui pourrait ressembler à **« une prière »**.

Je voudrais....

- Ne plus « faire peur »
- Ne plus entendre que mon énergie dérange car elle serait signe d'hyperactivité
- Ne plus ressentir que mon trop plein de vie bouscule et peut créer de la distance là où je ne voudrais que rapprochement
- Ne plus être prisonnière de l'image qui me poursuit depuis mon enfance et adolescence - et qui ne m'a pas quittée toute ma vie d'adulte - d'une *« Nana super sympa, rigolote, vivante, battante, sur qui on pouvait compter, exigeante »* tant pour elle-même qu'envers les autres.
- Ne plus avoir à prouver à mon père que je peux réussir aux endroits où il me prédisait l'échec
- Ne plus risquer de passer pour une surhumaine, à défaut de passer pour inhumaine…

Je voudrais aussi…

- Faire l'aveu de n'avoir exprimé que mon humanité même si je l'ai vécue différemment, en faisant attention à l'image que je pouvais « donner à voir » dans les moments difficiles
- Sortir du piège qui dirait que je peux tout encaisser parce que je serais finalement « indestructible »
- Exprimer que c'est pour préserver Autrui que je me suis attachée à ne rien laisser paraître
- Assurer que je suis d'une énergie renouvelable et que je peux aussi bien craquer que faire face, sans que jamais les difficultés ne soient minimisées ou à l'inverse « grossies »
- Avoir envie d'une autre vie que celle que j'ai vécue avec L'homme de ma vie qui s'est en allé le 4 février 2015
- Que nul ne me tienne rigueur de ce que ma vie m'aura donné de vivre et traverser, en pensant que personne d'autre ne pourrait être à la hauteur

- Ne plus être comparée à celles et ceux qui n'auraient pas supporté le quart du tiers de ce j'ai enduré en courant le risque de faire de moi l'objet d'une jalousie intempestive
- Rassembler tout ce qui me constitue pour me ressembler vraiment dans toutes mes facettes, toutes mes couleurs… Tout mon ÊTRE.

Je suis Laurence, et plus seulement la femme de Daniel, je suis aussi la mère de Théo et de Jules. Je ne suis sincèrement pas inquiète pour eux, bien que cela ne soit pas simple tous les jours. Je suis liée à leurs chemins, mais ils ont aussi leurs propres routes à faire.

« Il faut toujours viser la lune, car même en cas d'échec, on atterrit dans les étoiles »

Oscar Wilde

CHAPITRE 17
PENSÉES HYPNOTIQUES

Depuis le départ de Daniel, j'ai gardé en moi mes larmes, mon chagrin et maintes fois j'ai visualisé cet océan.

Comme un tsunami cet après-midi d'avril 2016, j'ai assisté comme une spectatrice, à des tonnes d'eau qui forçaient le barrage que j'avais érigé.

Comme un spectacle marin, des torrents, des chutes emportent avec eux mes émotions, mon passé et mon présent du moment.

Il me faut alors en reconstruire un autre pour voguer vers d'autres horizons… Reste cependant à apprendre à me servir d'une boussole car si j'ai toujours été le Capitaine du bateau, Daniel m'avait toujours confirmé notre position. Depuis son départ, je suis allée au Nord, au Sud, à l'Est puis à l'Ouest. Je n'ai cessé de changer de cap, tellement peu sûre de la route à prendre…

L'hypnose allait m'y aider et une séance en particulier m'a profondément impactée.

« Je montais dans une montgolfière et j'avais pris un sac avec moi dans lequel j'avais déposé tout ce que je ne souhaitais plus dans ma vie. Je l'ai soulevé et au moment de le jeter par-dessus la nacelle... Impossible. Il était beaucoup trop lourd ! Ce que je n'avais pas vu, c'est qu'il y avait une trappe, je n'avais plus qu'à l'ouvrir et mon délestage me devenait plus facile.
De manière presque fulgurante, la montgolfière ainsi allégée s'est mise à monter, monter, monter... comme une fusée ! Je suis arrivée dans les étoiles tellement mon ascension avait été rendue possible par ce geste qui m'avait rendue ma légèreté.
J'ai donc pris un autre sac et j'ai attribué aux étoiles ce que je VOULAIS y mettre : L'AMOUR, Les ENFANTS, La FAMILLE, Les AMIS et La PROSPERITE ».

Si je n'ai pas démérité dans le passé, à présent j'ai tous mes rites. Chaque soir avant de m'endormir, je prends un sac et me déleste de tout ce qui m'a dérangée pendant la journée. Tout ce que j'ai traversé m'a apporté non un résultat, mais un autre état.

Je suis passée de l'inquiétude à la quiétude. Aujourd'hui plus qu'avant peut-être, je me fais davantage confiance et les images que je peux avoir sont comme des prémonitions chargées de sens. Cette cascade en haut de laquelle je me suis trouvée lors d'une séance d'hypnose, je l'ai vue lors de notre séjour au Maroc, les enfants et moi. C'était la première fois que nous partions ensemble depuis la mort de Daniel et me retrouver face à ma vision a encore plus aiguisé ma sensibilité. C'est comme si je devenais encore plus réceptive à tout ce qui fait message de Naturalité, d'Espoir et de Beauté.

Les cascades d'Ouzoud dans le massif de l'Atlas, à environ 150 kilomètres de Marrakech m'ont donné le vertige de la Vie. Ces chutes d'eau d'une centaine de mètres de haut rebondissent sur plusieurs paliers.

Elles ne pouvaient pas mieux parler de ma vie !!

Les cascades d'Ouzoud

C'est maintenant. Maintenant que je dois me concentrer sur L'ESSENTIEL : mes enfants et moi.

J'ai traversé tellement d'épreuves que je suis certaine d'une chose aujourd'hui : c'est l'AMOUR qui m'a cimentée, pour ne jamais faillir. Toutes ces années, Joséphine m'aura maintes fois murmuré à l'oreille des secrets pour garder le cap, pour rester en vie tout en maintenant une image de moi qui me soit plaisante afin de préserver l'estime que je devais et dois me porter :

- Laurence, tu es la seule à résister autant
- Autant ?
- Oui, et au temps aussi...
- Je n'ai qu'un mot à te dire tu sais cher ange : MERCI
- Le seul qui me vienne à présent pour toi Soeurette c'est BRAVO.

On me dit acharnée ? Forcenée ?

Je sais que Daniel m'aurait appelée « Force née » et je pense que c'est ce que JE suis vraiment DEVENUE.

« Mes pensées sont parties avec la marée qui les a emmenées.
Et si un jour vous ramassez un coquillage sur cette plage,
peut-être vous racontera-t-il qu'une jeune fille qui se promenait,
lui a confié tous ses secrets.

Mais il les gardera pour lui dans son monde éblouissant
et peut-être qu'un jour, lorsque je reviendrai,
il me rappellera tout ce que je lui avais murmuré »

Laurence, Juin 1987

Remerciements

Un des mots que je garderai de Laurence est « WOW » qu'elle a pu prononcer à chaque fois que nous nous sommes vues, de conversations en conversations. J'ai rencontré une femme étonnante, détonante, étonnée de sa propre vie, époustouflée par la manière de mieux « savoir » ce qu'elle avait traversé autant que par les réflexions qu'elle avait pu en mener. « L'écrire me l'a fait réaliser » m'a-t-elle aussi confié.

WOW....

Ce livre est tout autant égrené d'événements passés de toutes les couleurs, de souvenirs puisés dans la réalité que de toutes ses réflexions plus intérieures qui l'auront accompagnée. Tous ses doutes, ses craintes, ses appréhensions posés comme un monologue de pensées. Laurence nous fait partager ces apprentissages, ses naissances, renaissances et aussi quelques conclusions qui l'ont amenée à créer sa propre identité. C'est tout un périple, une épopée qui pourrait certainement avoir la puissance d'un voyage initiatique: la fidélité, la confiance patiente de Laurence, la foi en ses intimes convictions lui auront permis de le réaliser.

Chapeau bas Madame Elie !

Pour *« LINEA- Les Preuves du Sens ».*
Isabelle Gaillard. Biographe

TABLE DES CHAPITRES

Imprimé sur papier **Clairefontaine** fabriqué dans les Vosges.

Achevé d'imprimer sur les presses de l'imprimerie
Centre Littéraire d'Impression Provençal
www.imprimerieclip.fr
contact@imprimerieclip.fr